Bodegones

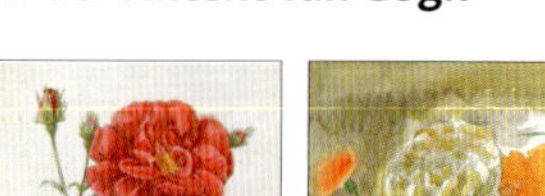

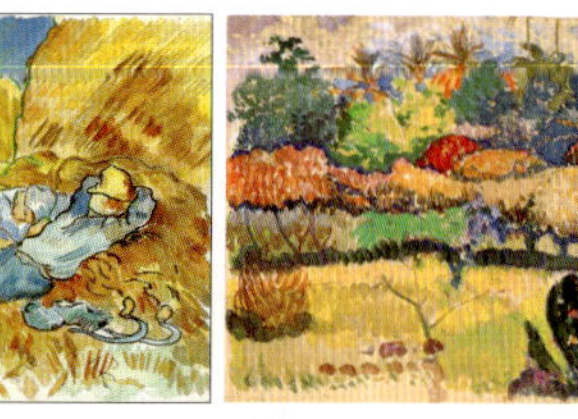
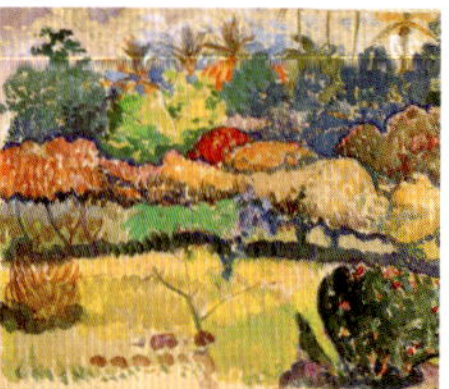
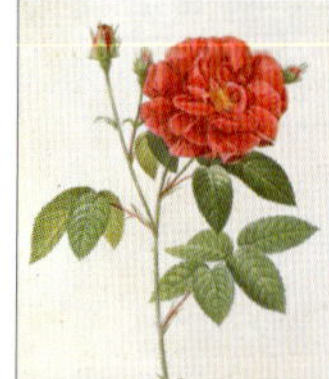
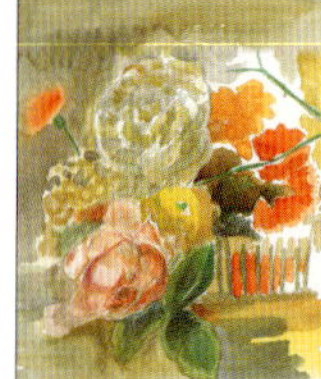
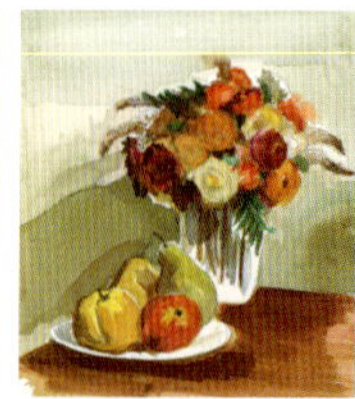
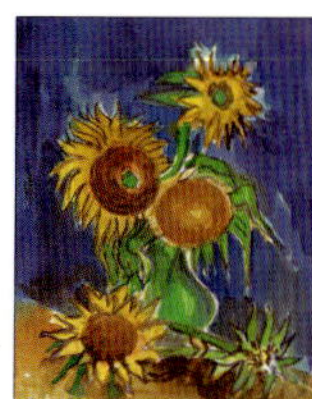
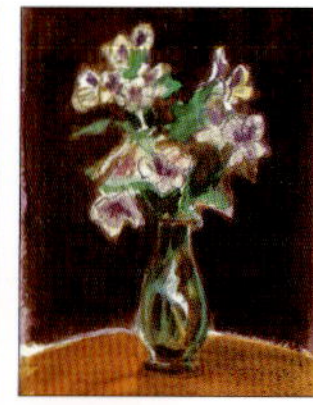
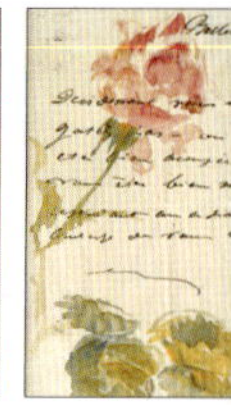
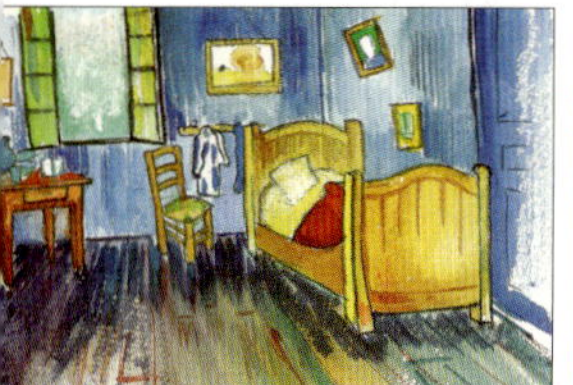
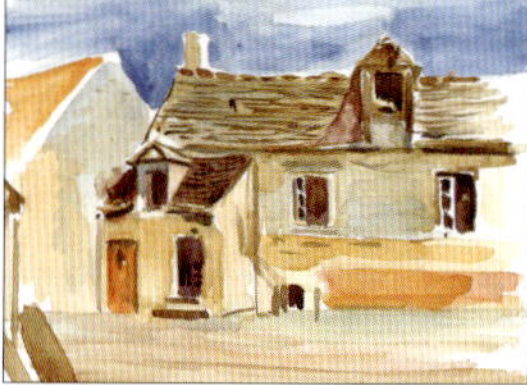
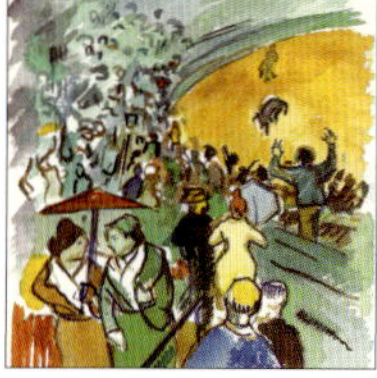
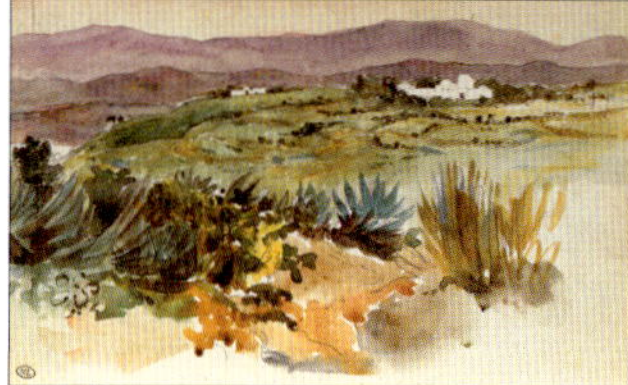
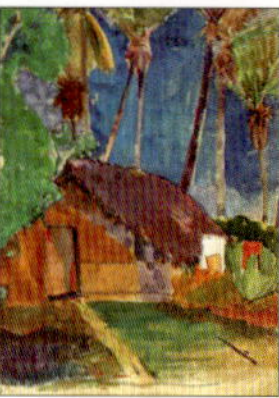

Desnudos

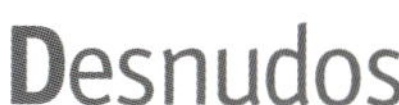

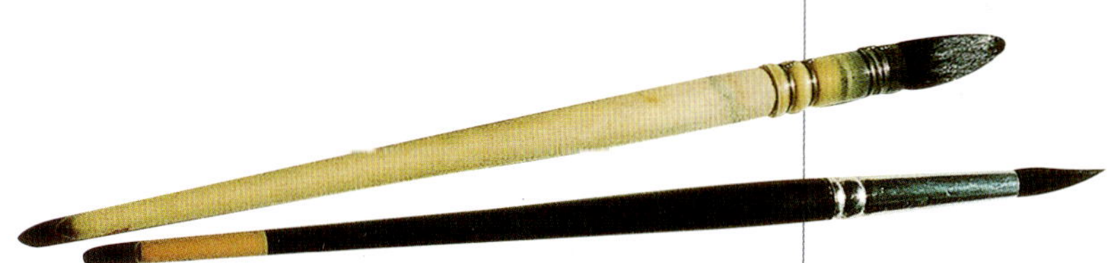

Introducción

Este manual de **iniciación** a la técnica de la acuarela se inspira en un método **muy simple** que consiste en copiar a los grandes maestros.

Para esto, nos servimos de la **cuadrícula del pintor**, un medio usado desde hace siglos por los artistas más importantes y que permite pintar incluso sin saber dibujar...

Haga, pues, como ellos y diviértase descubriendo, guiado por este manual, sus secretos y sus recetas.

Encontrará acuarelas de los grandes maestros así como adaptaciones a la acuarela de otras técnicas. Esto tiene la doble ventaja de ofrecerle una mayor libertad de expresión y de dar rienda suelta a su creatividad.

Usted encontrará, pues, en este manual:
- la lista del material necesario para la práctica de la acuarela;
- un manual de usuario lo más accesible posible;
- una serie de modelos para practicar, abordando cada uno un aspecto técnico diferente.

Este manual ha sido construido no solamente como un libro de cocina donde se encuentran recetas y pequeños «trucos», sino también como un libro de navegación libre, el punto fuerte de este aprendizaje.

No es necesario que siga el orden de las recetas: podrá picotear a su gusto.

La gran novedad de este método es que está concebido para ser leído en todos los sentidos gracias a los numerosos envíos internos y al índice temático y técnico situado al final.

El objetivo es que al final del libro, cuya dificultad va en aumento con los paisajes, los bodegones, los retratos y los desnudos, es que usted haya asimilado los consejos suficientemente para poder adaptar las recetas y crear usted mismo a su aire.

Para responder a cada dificultad, hemos escogido al maestro que ha tratado mejor el problema.

Iníciese en la
acuarela
con los grandes maestros

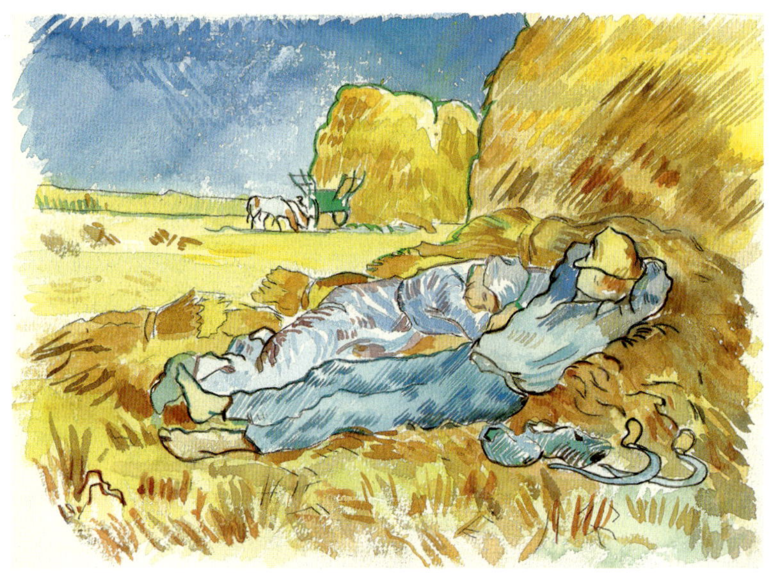

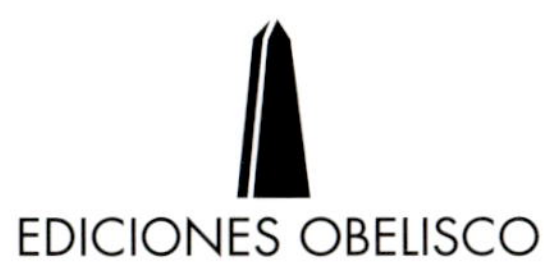

EDICIONES OBELISCO

Sumario

Paisajes

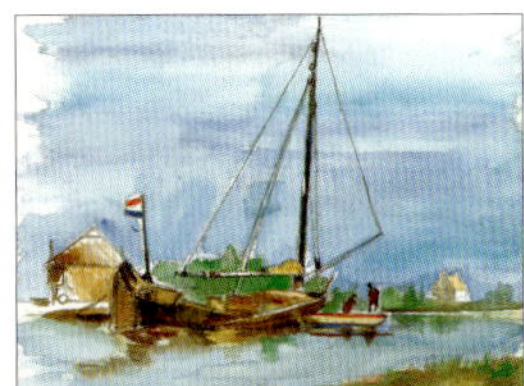
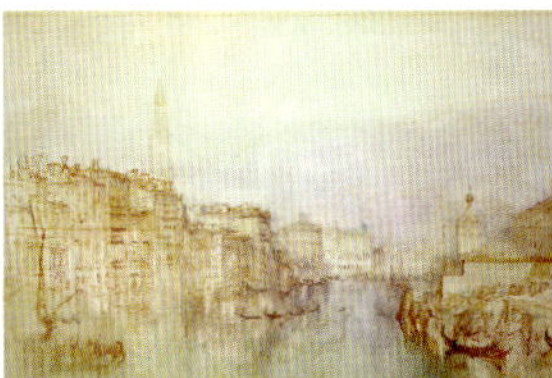
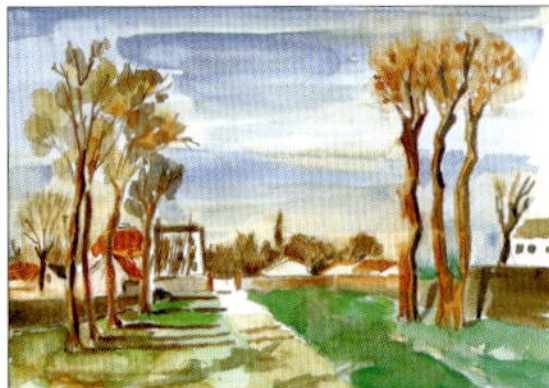
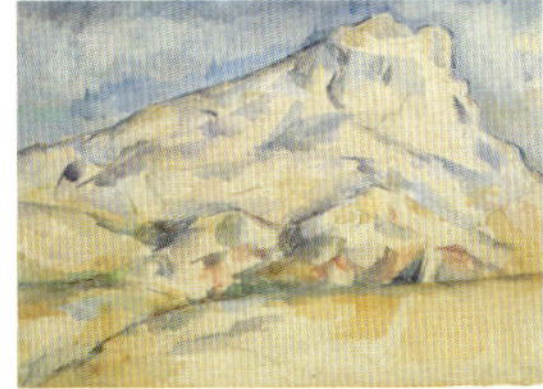
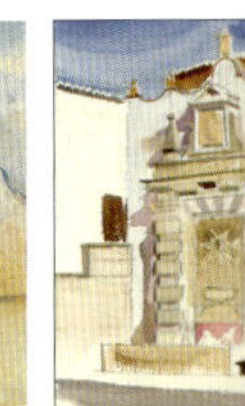

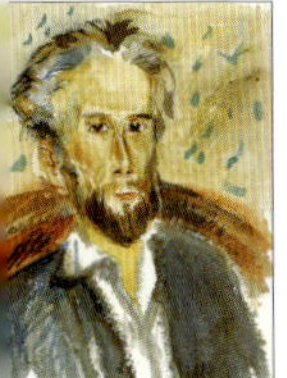
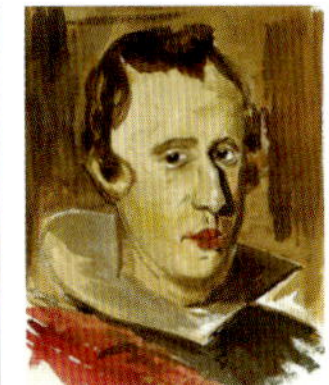
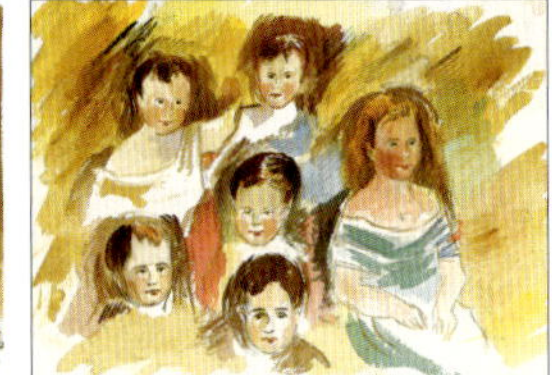
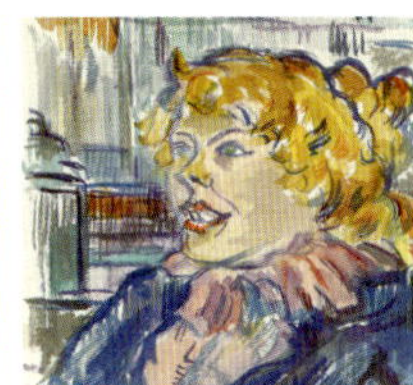
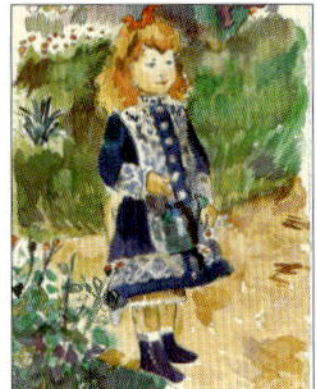
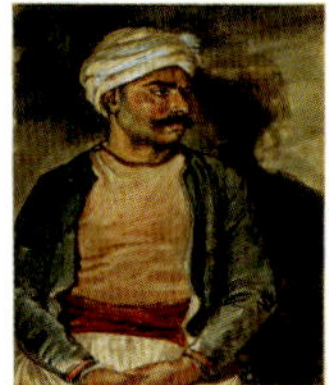
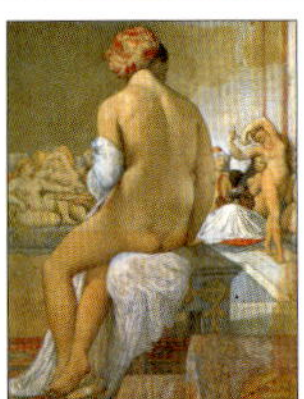
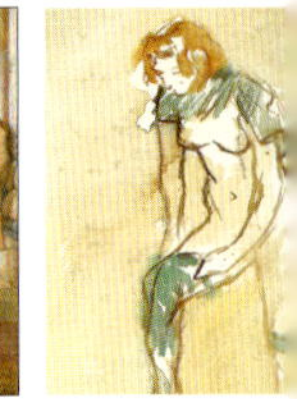

Retratos

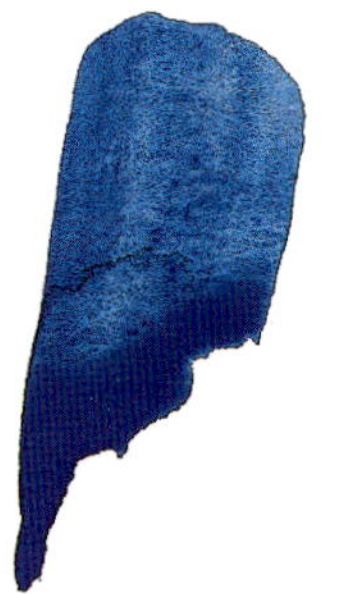

El material

La acuarela

La pintura de la acuarela es una técnica de pintura donde se mezcla el agua (*aqua* en latín) con el color para pintar con transparencia y jugar con la textura del papel. Pintura suave, fácil y práctica.
Es el método de evasión por excelencia.

La pintura

La naturaleza de la pintura de la acuarela es la transparencia en oposición a la aguada (*gouache*), que es opaca. Se presenta en forma de pastillas colocadas en recipientes o en pequeños tubos y hay que diluirla con agua sobre una paleta de plástico o esmaltada. Los colores en los recipientes, más fáciles de transportar, se presentan en cajitas de metal o de plástico.

Una caja de 12 colores es suficiente para empezar; pero si se tiene unos veinte, nos permitirá realizar un trabajo completo.

El papel

El papel debe escogerse por su fuerza y flexibilidad: se debe poder pasar por encima una esponja llena de agua sin que se combe. Ha de ser de pH neutro sin cola de algodón. Cuanto más espeso el gramaje (270 g/m2, 400 g/m2, 600 g/m2), más grueso el grano.
Bloc de hojas: las hojas están pegadas por el lado. Se las puede arrancar con la hoja de un cuchillo o con un abrecartas.

Para que la hoja ni se mueva ni se combe podemos:
1 • dejarla enganchada al bloc;
2 • tensarla encima de un soporte contrachapado: hay que mojarla después de sacarla del bloc, ponerla en medio del soporte y enganchar unas tiras adhesivas a cada uno de los lados;
3 • doblar los bordes de la hoja hacia dentro, debajo del soporte, si las hojas son de gran tamaño; 50 x 65 cm por ejemplo.

Los pinceles

Un buen pincel para la acuarela ha de tener, cuando está bien mojado, una bonita punta y no demasiado vientre. Se necesitan dos pinceles de tamaños distintos y preferiblemente de petigrís o de marta.
Se usa el pincel desmontable de las cajas para los detalles en papel seco. Hay también pinceles anchos como cepillos que permiten hacer los efectos de relleno muy eficaces.

Para limpiarlos, aclare con abundante agua limpia al terminar cada sesión.
Para protegerlos, enróllelos dentro de un trapo.

La paleta

En las cajas con recipientes, se proporciona una pequeña paleta en metal esmaltado o en plástico. Se hace la mezcla de los colores frotando el pincel cargado de agua encima del color y después probándolo en la paleta. Hay que tener cuidado porque el color de la paleta no será el mismo que obtendrá en el papel: es necesario, pues, cada vez probarlo en un papel aparte antes de aplicarlo al dibujo.

Sus colores en los recipientes se ensucian; eso no importa.

Para pintar usted necesita:
• pastillas en recipientes o tubos de pintura,
• papel especial,
• pinceles para acuarela,
• lápiz HB,
• goma,
• cúter o un cuchillo,
• cincel de madera,
• dos vasos de agua.

Las reservas de agua

Tenga en previsión dos vasos de agua: uno para diluir la pintura y otro para limpiar los pinceles mientras trabaja.

El agua tiene que estar siempre limpia: cámbiela a menudo para no ensuciar los colores.

Consejo

Si durante un viaje o un paseo tuviera ganas de pintar:
• compre una caja con depósito, una especialidad inglesa que nos permite tener la cantidad de agua necesaria,
• llévese 1/4 de litro de agua.

La técnica

Papel seco

Cuando se trabaja la acuarela en papel seco, los efectos se marcan y se ve el trazo del pincel.

Papel mojado

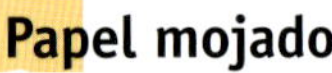

Cuando se trabaja la acuarela sobre papel mojado, la pintura se esparce y se obtienen unos efectos tornasolados (aspecto cambiante).

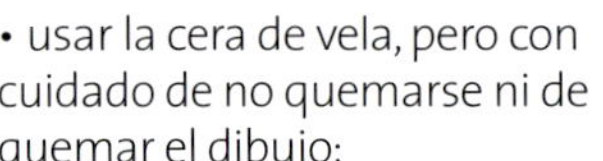

Pincel seco

Cómo borrar la acuarela

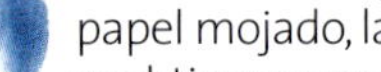

Papel secante

Si se ha trabajado la acuarela en papel húmedo, bastará con pasar una esponja húmeda para borrar todo el dibujo.

> Para volver a empezar de cero, pase la hoja por el agua del grifo, ¡y no quedará nada!

Para sacar la pintura de una parte del dibujo, se puede absorber el agua con un secante, un pincel seco, un trapo de algodón o papel bayeta.

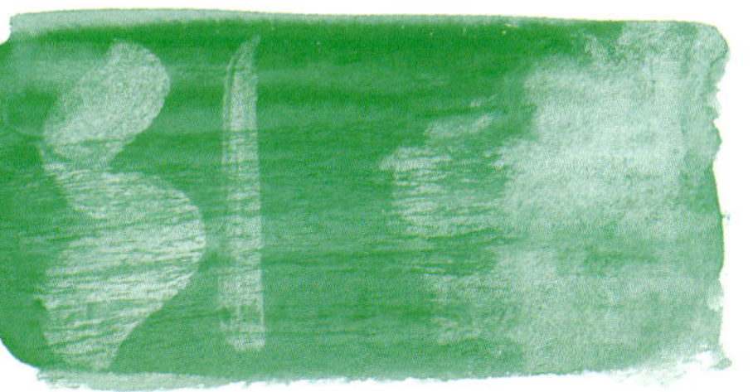

Con un pincel seco   *Con un secante*

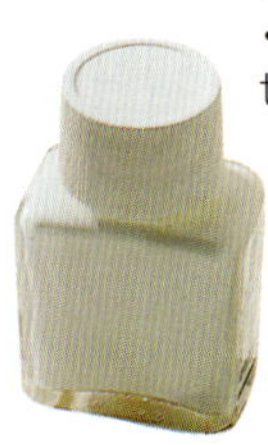

Si se quiere borrar la acuarela, basta coger un poco de lejía con la punta de un pincel, porque borra el dibujo y blanquea la hoja de papel. Después aclare el pincel con agua limpia.

Los reservados: cómo hacerlos

Para realizar los reservados, es decir, guardar partes blancas, se puede:
• poner un producto para cubrir transparente, **goma de cubrir**: es una película plástica que se retira con una goma cuando la acuarela está seca;

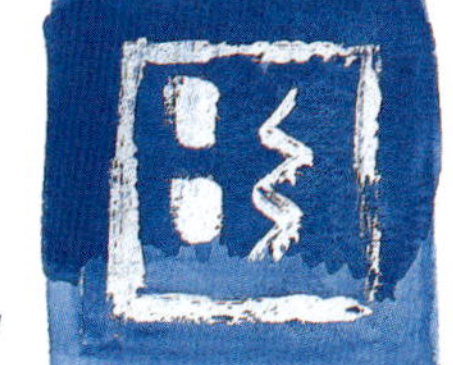

La forma blanca ha sido reservada con la goma de cubrir.

• usar la cera de vela, pero con cuidado de no quemarse ni de quemar el dibujo;
• evitar pintar la parte que tiene que quedar blanca, lo que es la mejor solución.

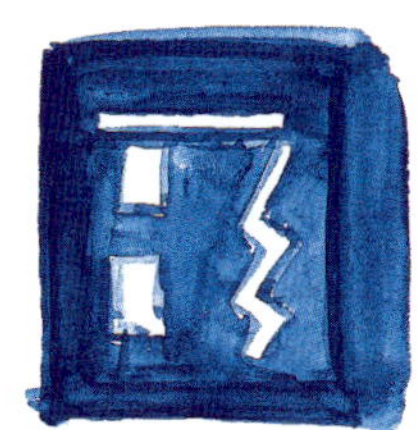

La forma blanca ha sido evitada sin la goma de cubrir.

Arranque del papel

Para obtener unos efectos vigorosos, para representar la espuma de las olas, por ejemplo, se arranca una capa de papel con un cúter o con la hoja de un cuchillo y se pasa en seguida por la parte arrancada un cincel de hueso o madera para alisar el papel.

Comportamiento de la acuarela

La acuarela se comporta como todo líquido: por derrame, difusión y rechazo.

• Derrame
- Pintando en llano: el derrame es lento y preciso.
- Pintando en vertical: el derrame es rápido y menos preciso.

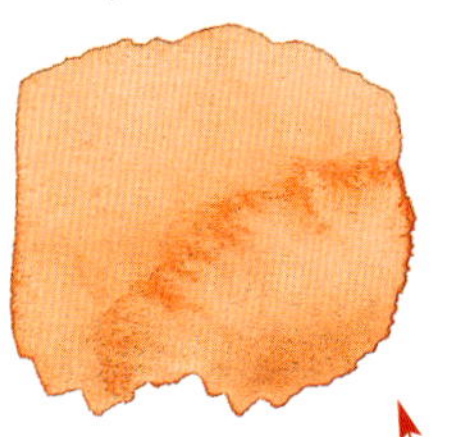

• Difusión
- Si el soporte está seco: los efectos son marcados.
- Si el soporte está mojado: los efectos son difusos.

• Rechazo
- Las gomas de cubrir: impiden a la acuarela esparcirse y permiten los reservados por rechazo.
- El alcohol (güisqui, ginebra, ron) se mezcla muy bien con la acuarela: aprovechando el rechazo mutuo del alcohol y del agua.

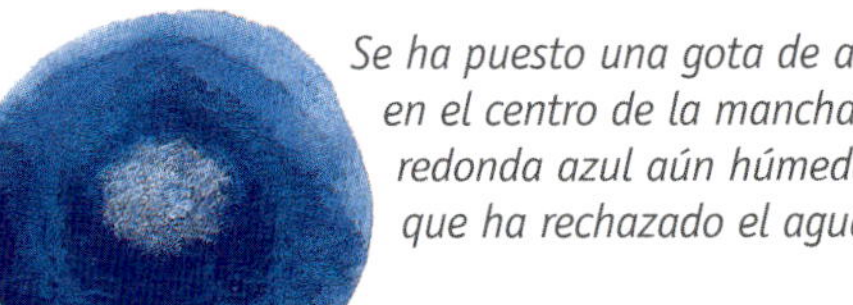

Se ha puesto una gota de alcohol en el centro de la mancha redonda azul aún húmeda, lo que ha rechazado el agua azul...

• Veladura
Efectuando tiempos de secado entre varias sesiones (trabajo sobre seco o húmedo), se pueden hacer veladuras, superposiciones más o menos transparentes. Se puede acelerar el secado con un secador de pelo.

• Efectos particulares
Se pueden obtener varios efectos de textura añadiendo a la acuarela sal o serrín, lo que hace que las manchas sean jaspeadas con venas, como el mármol. También se pueden dar golpecitos en la acuarela con una esponja seca o una bayeta.

El método «gran maestro»

La cuadrícula
Los ejercicios están pensados para hacerlos en el papel:
300 g/m², 26 x 36 cm, papel de tela.
Para realizarlos correctamente hay que empezar por dibujar la cuadrícula: con una regla y un lápiz HB divida la hoja y trace el cuadriculado regular propuesto en cada ejercicio.
Una vez realizada la cuadrícula, dibuje entonces el conjunto simplificando las formas, para obtener una puesta a punto general sin demasiado detalle.

Los reservados
La acuarela es el arte de los reservados y el uso del blanco en el papel.
Por esto, una vez que se hayan localizado las partes que tienen que ir en blanco, empiece por poner los colores en el orden siguiente:

1 – **los amarillos**
2 – **los naranjas**
3 – **los tierras**
4 – **los rojos**
5 – **los verdes**
6 – **los azules**
7 – **los violetas**
8 – **los grises**

Para los ejercicios hemos usado los siguientes colores:

- amarillo limón
- laca amarilla
- tierra de sombra quemada
- rojo carmín
- azul de ultramar
- azul de cobalto
- verde inglés
- laca piridina
- amarillo ocre
- rojo bermellón
- tierra de Siena
- blanco de China
- violeta sólido

La elección de los modelos
Una sugerencia de trabajo para progresar en la técnica de la acuarela:

1 - copie las acuarelas de los grandes maestros;

2 - traslade a la acuarela las pinturas al óleo;

3 - realice, a partir de croquis, coloraciones sobrias, después cada vez más complejas;

4 - trabaje del natural;

5 - trabaje de memoria.

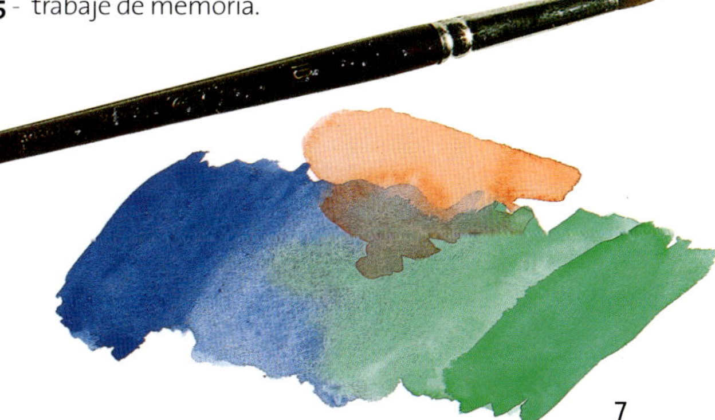

a partir de **Johan Bartholg Jongkind**
El camino de sirga (1862)

Paisaje holandés

Pasar al color un dibujo clásico es una excelente y muy instructiva manera de adentrarse en el tema.

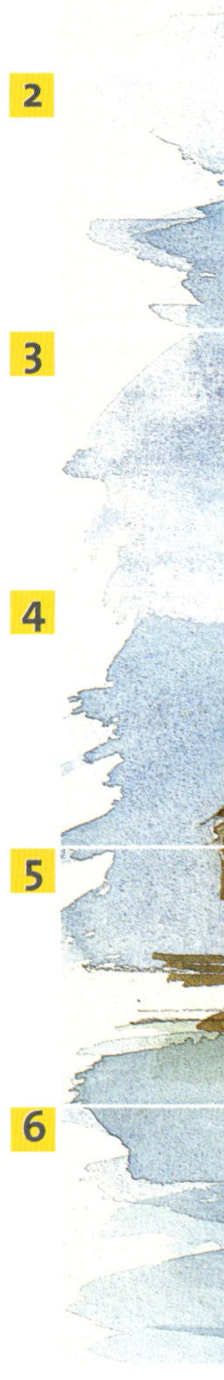

Material

- Papel especial
  para acuarela de 300 g/m²
- Regla
- Lápiz HB
- Goma
- Esponja
- Secante
- 2 vasos de agua
- Trapos
- Tinta china
- Plumilla de dibujar

Los pinceles

- 1 pincel
  petigrís n.° 4
- 1 pincel de pelo
  de marta n.° 10
- Cincel

La paleta

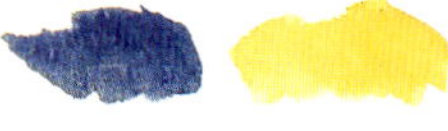
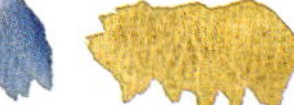
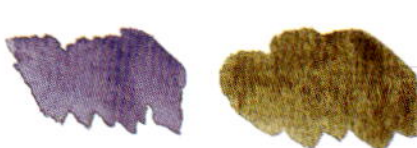
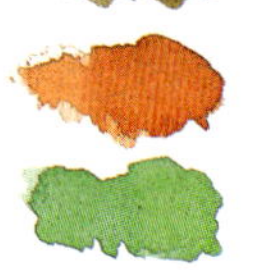

1 **Con una regla y un lápiz**, trace la cuadrícula sin apretar. Después sitúe con claridad el mástil, el barco, los hilos que lo religan, las casas y el canal. Borre la cuadrícula, especialmente la del cielo.

> **Empiece siempre una acuarela localizando**:
> • los reservados: las zonas que han de quedar blancas (cf. p. 7),
> • el orden de los elementos que va a situar en función de su color (cf. p. 7).

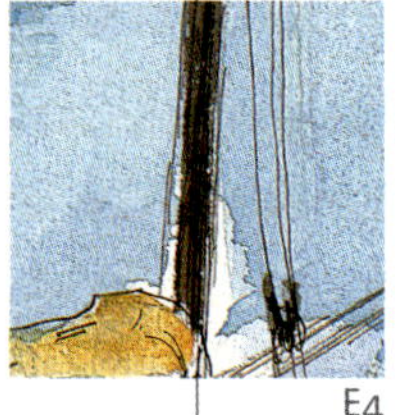
E4

2 **Amarillo**. Con el amarillo limón diluido, sitúe el amarillo del tejado (G5) y de la vela plegada. Pinte la barca en ocre amarillo.

> Esta acuarela se realiza en papel seco (cf. p. 6).

3 **Tierra**. Haga el barco grande con la tierra de sombra. Sitúe también los lados del canal.

E5

4 **Rojo**. Pinte los rojos de la bandera y de la barca en bermellón.

5 **Verde**. Para el verde de los árboles, mezcle verde esmeralda y verde inglés, que hay que cortar con un poco de ocre amarillo: no olvide los reflejos en el agua.

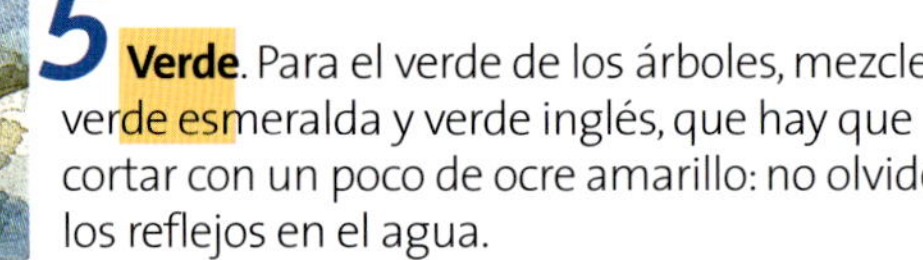
H5

6 **Azul**. Pase en el cielo ultramar muy diluido horizontalmente, después reálcelo con un poco de azul cobalto que va a deshacerse: extenderse y mezclarse con ultramar. No olvide el azul de la bandera.

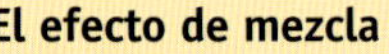

H2

> **El efecto de mezcla**
> En la acuarela los colores nunca son vivos –por la cantidad de agua utilizada y su mezcla en el papel húmedo–, se dice que los colores suaves son «acuarelados». Este efecto de mezcla es el inverso al contraste simultáneo propio de la pintura al óleo o del pastel.

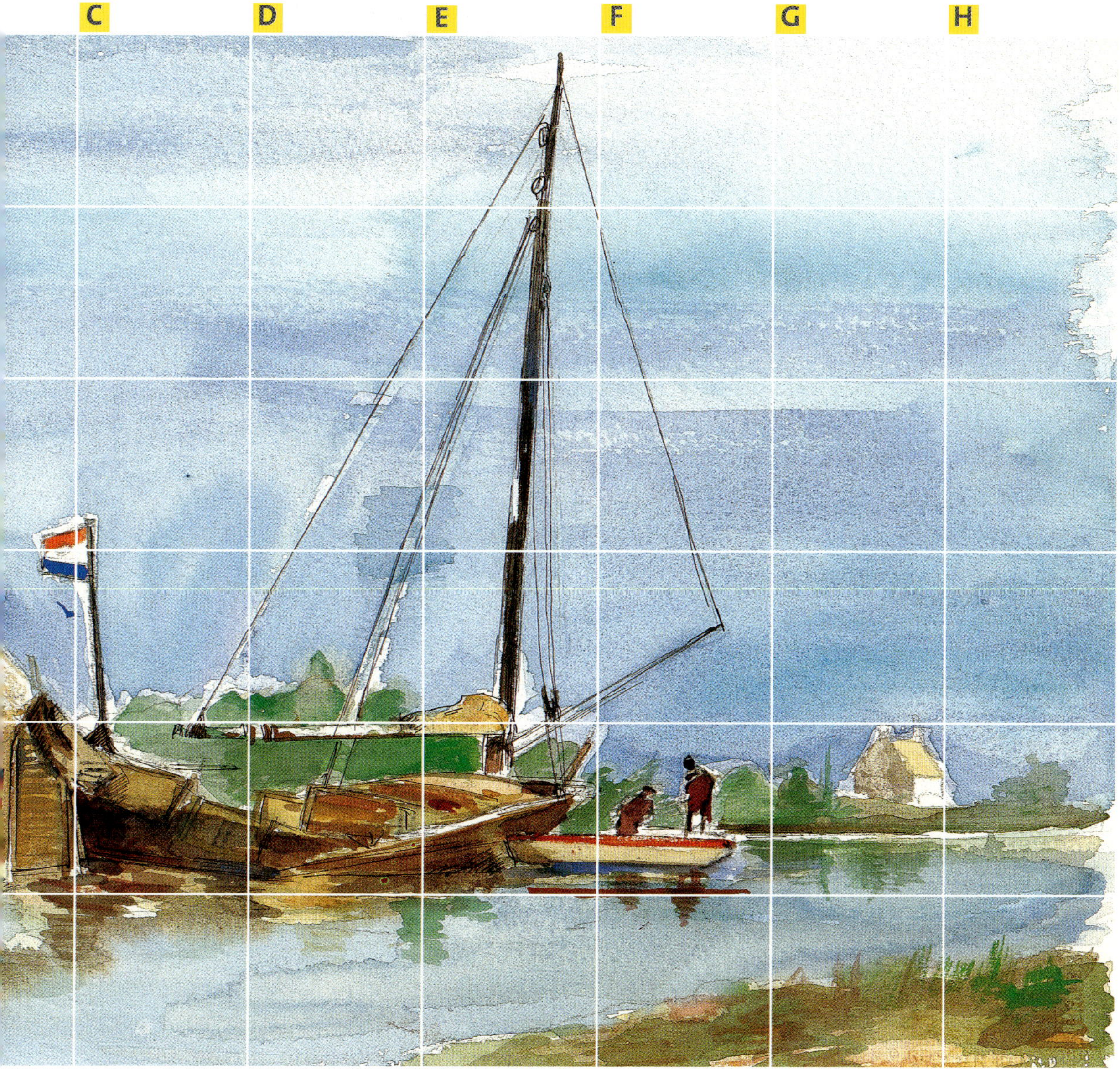

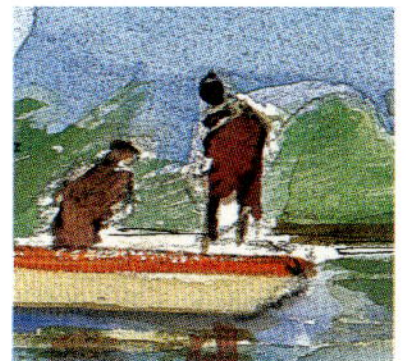

F5

7 **Violeta**. Pinte los personajes en la barca con la punta de un pincel muy fino.

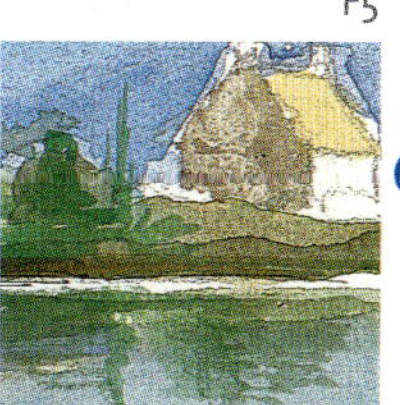

G5

8 **Gris**. Pinte la fachada en sombra de la casa con un pincel fino.

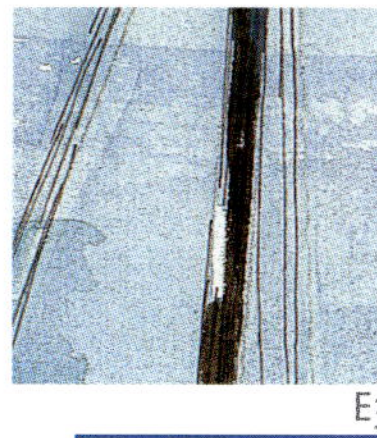

E3

9 **Negro**. Resalte el dibujo del barco con tinta china, con la punta de la plumilla para hacer los trazos finos.

El agua es uno de los principales elementos de la acuarela, es el que diluye y debilita los tonos. Es, pues, la dilución lo que da todos los matices de un color. Cuanta más agua ponemos,
- más transparente será el color,
- más importante es el blanco del papel,
- más claro es el color aplicado.

William Turner
El Gran Canal visto desde Douanes (1840)

La acuarela es el arte del trabajo con el agua. Turner es sin duda el mayor acuarelista de todos los tiempos, alternando trabajo en papel seco y trabajo en papel húmedo. Le debemos el invento básico del color «beginning».

Material

- Papel especial para acuarela de 300 g/m²
- Regla
- Lápiz HB
- Goma
- Esponja
- Secante
- 2 vasos de agua
- Trapos
- Plumilla de dibujar

Los pinceles

- 1 pincel petigrís del n.º 4
- 2 pinceles de pelo de marta del n.º 2 y del n.º 10
- Cincel

La paleta

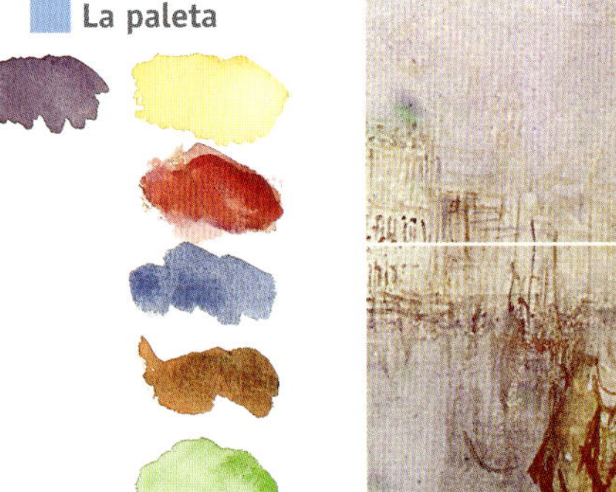

F3 - F4

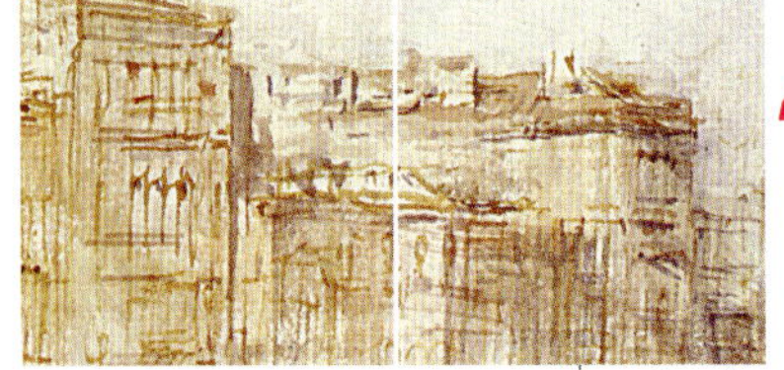

C3 - D3

1 **El color «beginning».** Ponga agua en la hoja: humidifíquela con una esponja sin ponerle demasiada agua. Después pase color por encima:
- amarillo pálido en la parte inferior de la hoja con amarillo limón muy diluido e irregular,
- rosa por la parte superior de la hoja con rojo carmín muy diluido e irregular

El efecto de mezcla (cf. p. 8) se produce de manera natural cuando

2 **Con una regla y un lápiz**, trace la cuadrícula sin apretar y haga la composición. Después borre la cuadrícula.

> **¡Cuidado!** Si pone pintura encima del lápiz, después no podrá borrarlo.

3 **El cielo.** Moje la hoja con la esponja y después aplique el color horizontalmente: ultramar mezclado con un poco de azul de cobalto. El azul se difumina sobre el rosa puesto en el paso **1**, lo que crea unas zonas violáceas. No olvide los reflejos del cielo en el agua del canal. Deje secar.

> Vigile que el agua que usa para **humidificar** la hoja o para empapar los pinceles esté **siempre limpia**.

4 **Trabajo con plumilla en papel seco.** Con un pincel fino o una pluma para dibujar, destaque los edificios con tierra de Siena cortada con tierra de sombra: el papel tiene que estar bien seco; si no, el color va a esparcirse. Haga lo mismo con las góndolas en tierra de Siena.

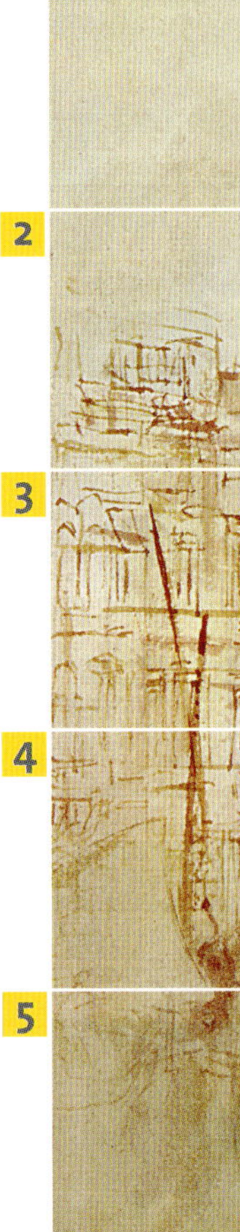

Cómo controlar los efectos del agua

Cuando el papel está bien empapado, la pintura **se esparce, se reparte en manchas**. El efecto de mezcla es entonces más potente que en papel seco. Sin embargo, se pueden controlar estos efectos: ponga un poco de alcohol blanco en los lugares que se han de reservar para expulsar el agua.

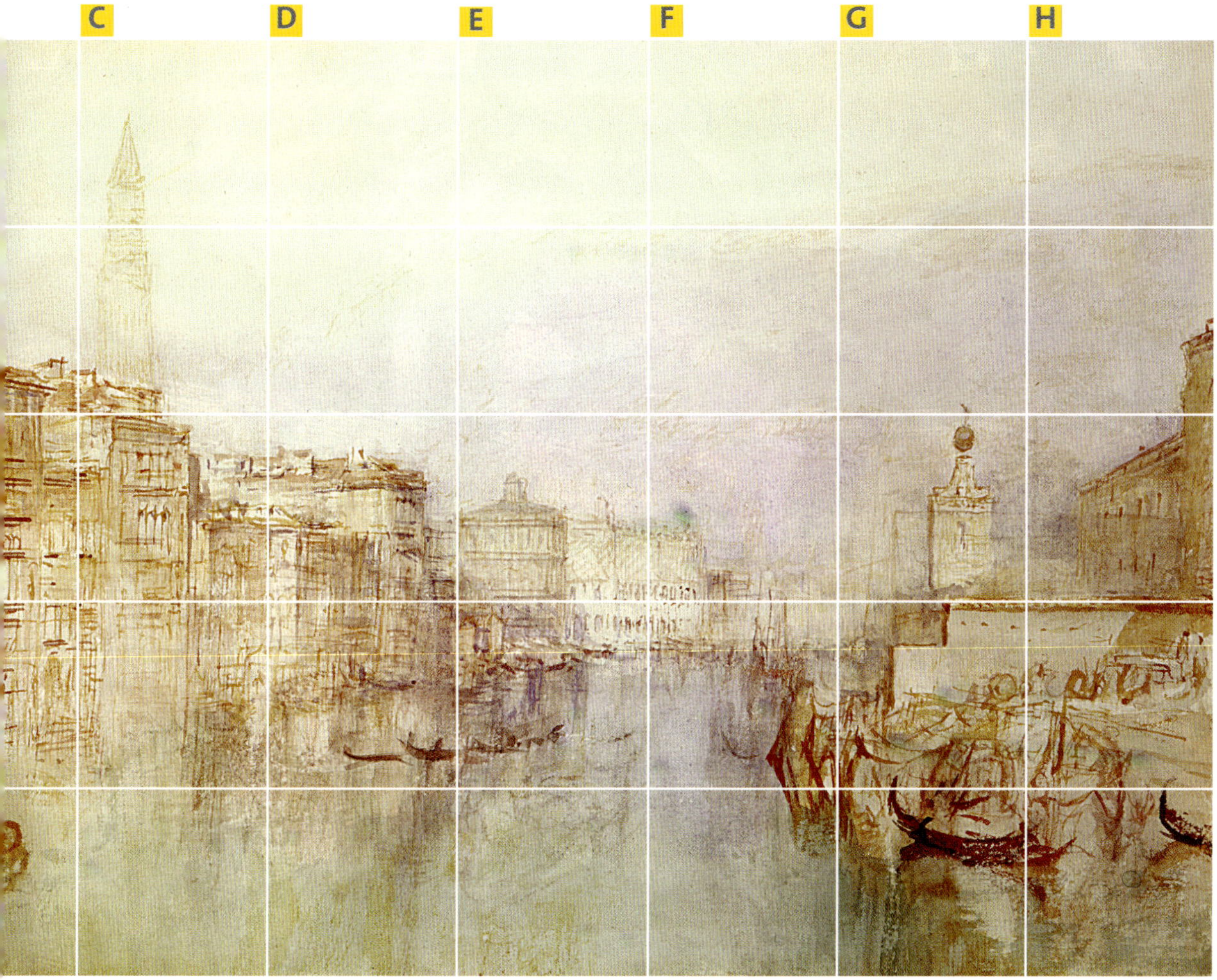

Formato original 221 x 320 mm

Color «beginning»
Esta técnica, que se la debemos a Turner, consiste en colorear el fondo con abundante agua y diversos colores que se mezclan por el efecto de mezclado. Cuando ya están secos, se pinta encima; pero el fondo coloreado se ve por transparencia. Se usa esta técnica para los cielos de tormenta o nublados, por ejemplo.

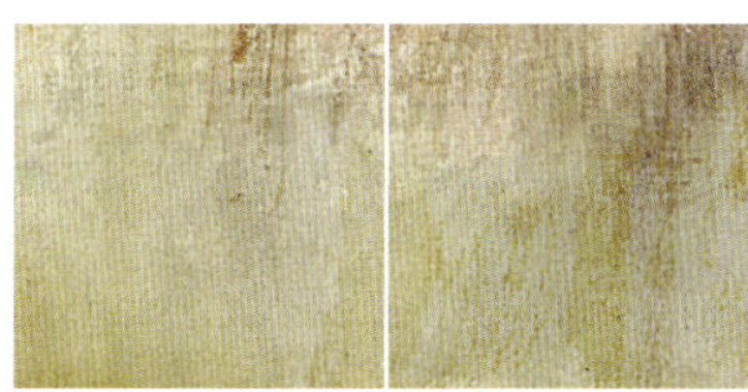

C5 - D5

5 El agua del canal. Haga manchas verticales muy diluidas en verde inglés.

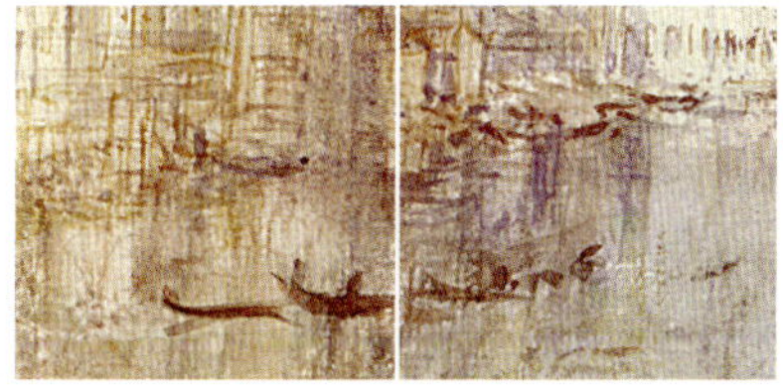

D4 - E4

6 Realces violetas. Vuelva a hacer los edificios del fondo del canal y después dibuje ahí las estelas. Efectúe las góndolas del fondo en papel seco.

11

a partir de Camille Pissarro
Entrada del pueblo de Voisins (1872)

Paisaje de otoño

El sol, muy bajo, casi de invierno, le permitirá descubrir los efectos de sombra y de luz.

Material

- Papel especial para acuarela de 300 g/m²
- Regla
- Lápiz HB
- Goma
- Esponja
- Secante
- Vasos de agua
- Trapo

Los pinceles

- 1 pincel petigrís del n°4
- 2 pinceles de pelo de marta del n°2 y del n°10
- Cincel

La paleta

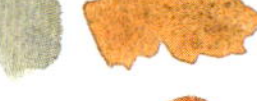
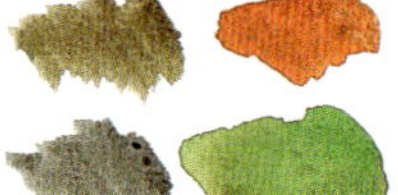

Para quitar el color o una mancha, se puede:
- absorber el color con un secante o un pincel seco,
- poner agua encima de la mancha a quitar y pasar un pincel seco.

1 **Con una regla y un lápiz** trace la cuadrícula sin apretar y haga la composición. Después borre la cuadrícula.

2 **Los amarillos**. Pase una primera capa muy diluida, el color beginning (cf. p. 11): amarillo roto con un poco de tierra de Siena. Trace horizontalmente sobre la parte inferior del dibujo.

E6

3 **Los árboles del fondo**. Una vez el papel seco, pinte los árboles con pequeños toques finos de una mezcla de bermellón, tierra de Siena y amarillo.

E4

4 **Los árboles del primer plano**. Los troncos: mezcle bermellón, ocre amarillo y tierra de Siena. El ramaje: sitúe una primera capa de ocre amarillo bien diluida y difusa, espere a que el papel se seque, después pinte las hojas con realces en tierra de Siena.

F2

> La técnica en papel seco da mayor **precisión** y **limpieza al dibujo**.

5 **Los tejados**. Mezcle tierra de Siena con bermellón: no ponga demasiado rojo.

6 **La hierba**. Mezcle verde inglés y ocre amarillo.

> Espere a que se sequen las capas para retomar el trabajo.

7 **El cielo**. Con un pincel espeso y azul de ultramar muy diluido, pase el color horizontalmente de forma irregular: varíe la manera y la disposición de los toques.

D1

El sentido de la sombra y de la luz

La luz va de izquierda a derecha y de arriba abajo, exactamente como en el sentido de la lectura. La sombra, que puede ser marcada, se encuentra así a la derecha.

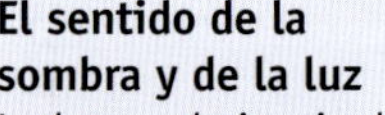

A
1 **2** **3** **4** **5** **6**

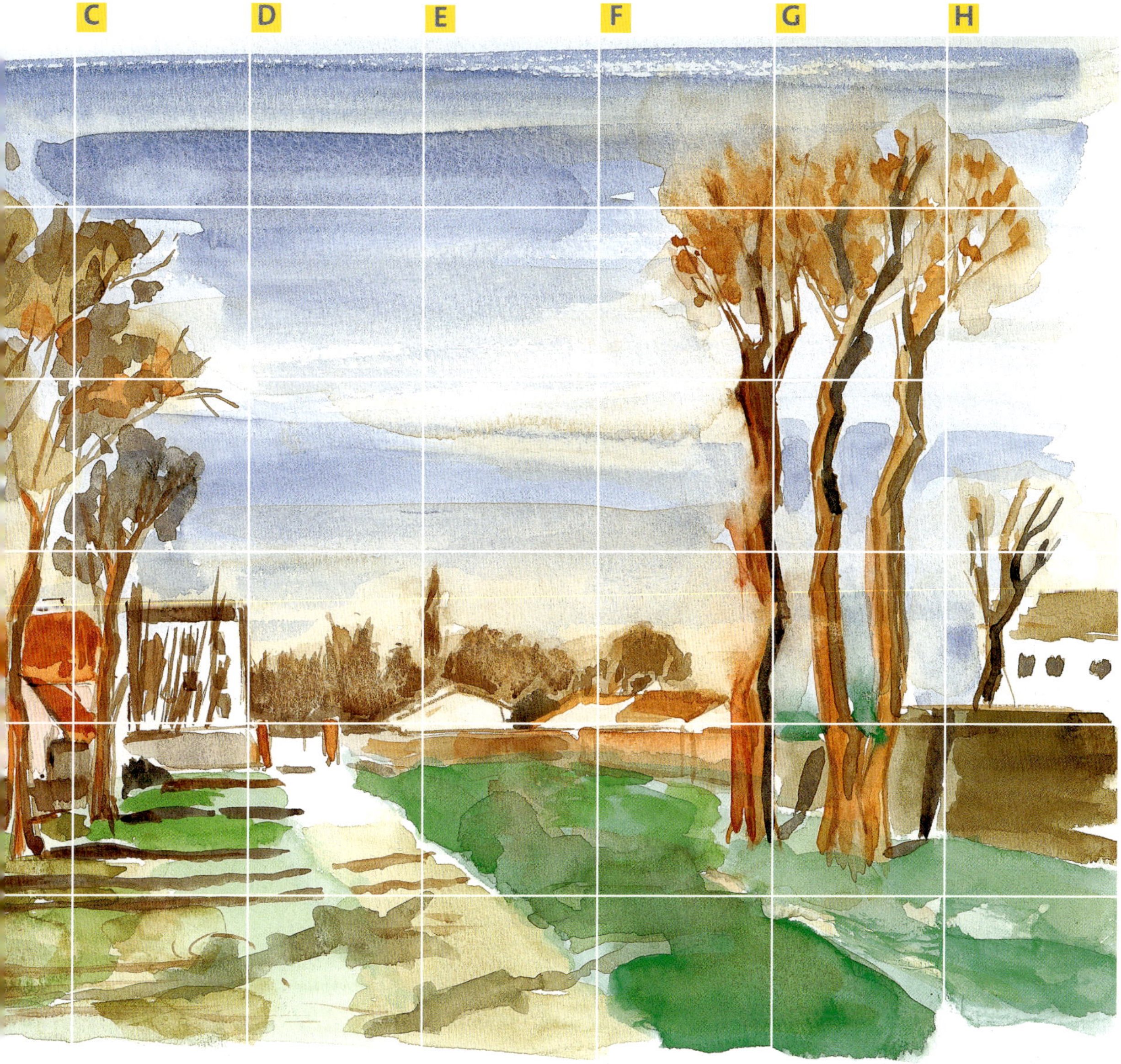

Los colores de la sombra y de la luz

Una luz cálida da sombras frías y viceversa. Cuando la luz es indirecta –luz del norte– la sombra es cálida: es el caso de un objeto que se encuentra en el interior, en una habitación. Al contrario, cuando es directa –luz del sur–, la sombra es fría: es el caso de los paisajes bañados por la luz natural.

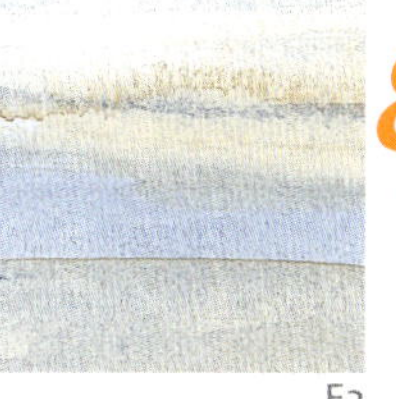

E3

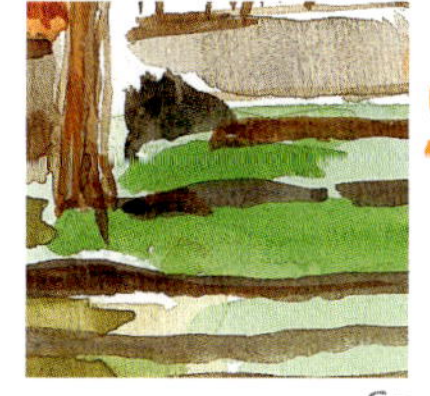

C5

8 **Las nubes**. Prepare el color en la paleta: tierra de sombra cortada de azul de cobalto. Realice los realces con mucha agua.

Antes de pintar las nubes, no dude en **pasar un pincel seco** por el azul, aún húmedo, para absorber.

9 **Realces y sombras**. Con un pincel fino, realce los troncos y pinte los detalles de las casas y de las ramas en tierra de sombra.

Paul Cézanne
La montaña de Santa Victoria
(hacia 1890)

Con este paisaje de Cézanne, vamos avanzando en el dominio de la acuarela abordando el tema de la memoria retiniana.

Material
- Papel especial para acuarela de 300 g/m^2
- Regla
- Lápiz HB
- Goma
- Esponja
- Secante
- 2 vasos de agua
- Trapos

Los pinceles
- 1 pincel petigrís del n.º 4
- 2 pinceles de pelo de marta del n°2 y del n°10
- Cincel

La paleta

1 **Con una regla y un lápiz** trace la cuadrícula sin apretar y haga la composición. Después borre la cuadrícula. Señale los reservados.

> Este estudio se realiza con la técnica de **papel seco** (cf. 12).

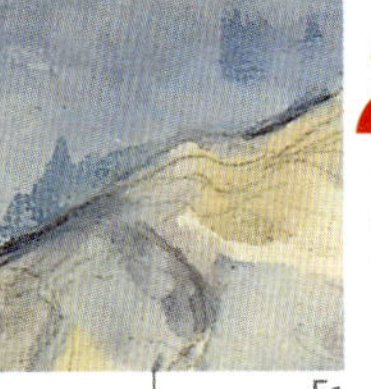

E1

2 **Trace las líneas principales** subrayando el relieve de la montaña en azul de cobalto y deje secar.

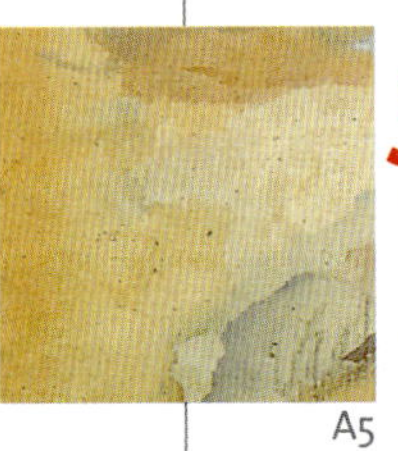

A5

3 **En ocre amarillo**, ponga manchas horizontales y verticales y espere a que se sequen. Para delimitar bien el primer plano, pase en seguida un poco de tierra de Siena.

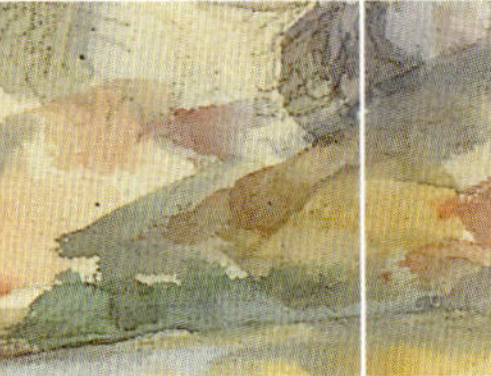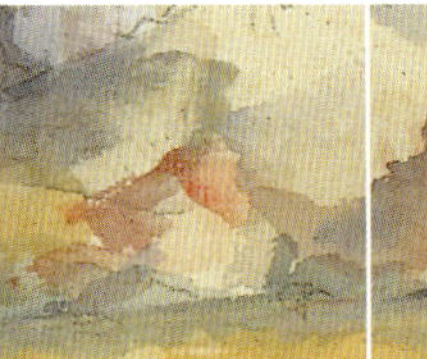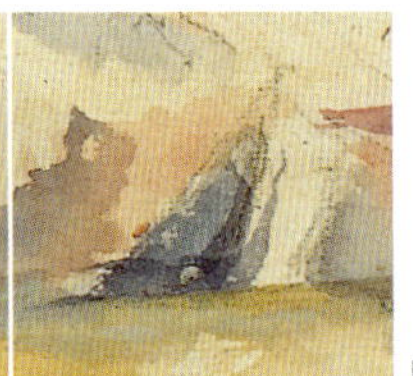

D4 -E4 - F4

4 **Sitúe las manchas de carmín** muy diluidas, con mucha agua.

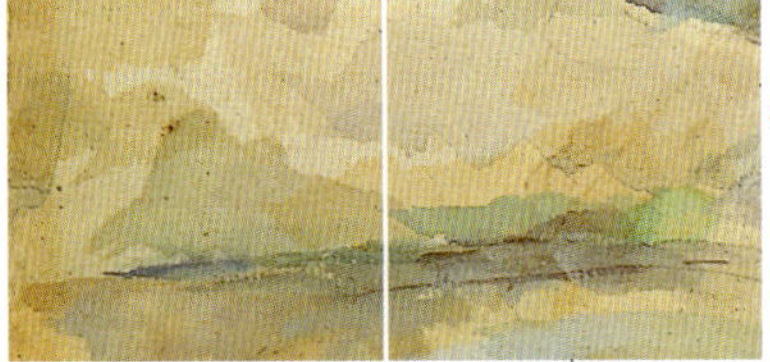

5 **Sitúe las zonas de verde**, una vez que los colores anteriores estén secos.

A4 - B4

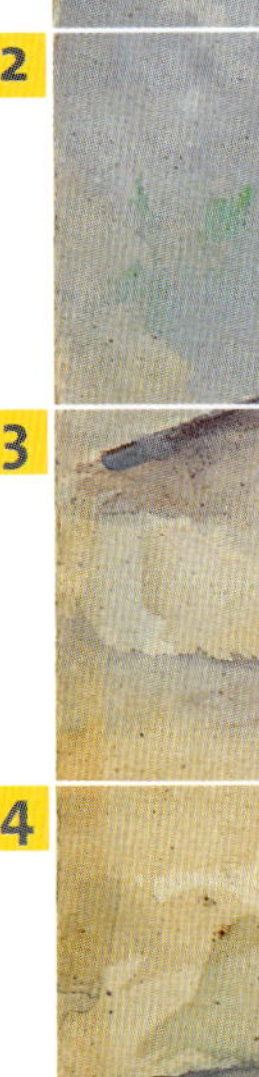

La memoria retiniana
Haga la experiencia: fije la vista en un color durante un minuto más o menos, después cierre los ojos. Inconscientemente su cerebro crea el color complementario. Se trata de una ilusión óptica que perturba la percepción de los colores.
Esta acuarela de Cézanne tiene muchos reservados, zonas no pintadas; ahora bien, tenemos la impresión de que están pintadas: la percepción del azul está perturbada por la presencia del ocre, su complementario.

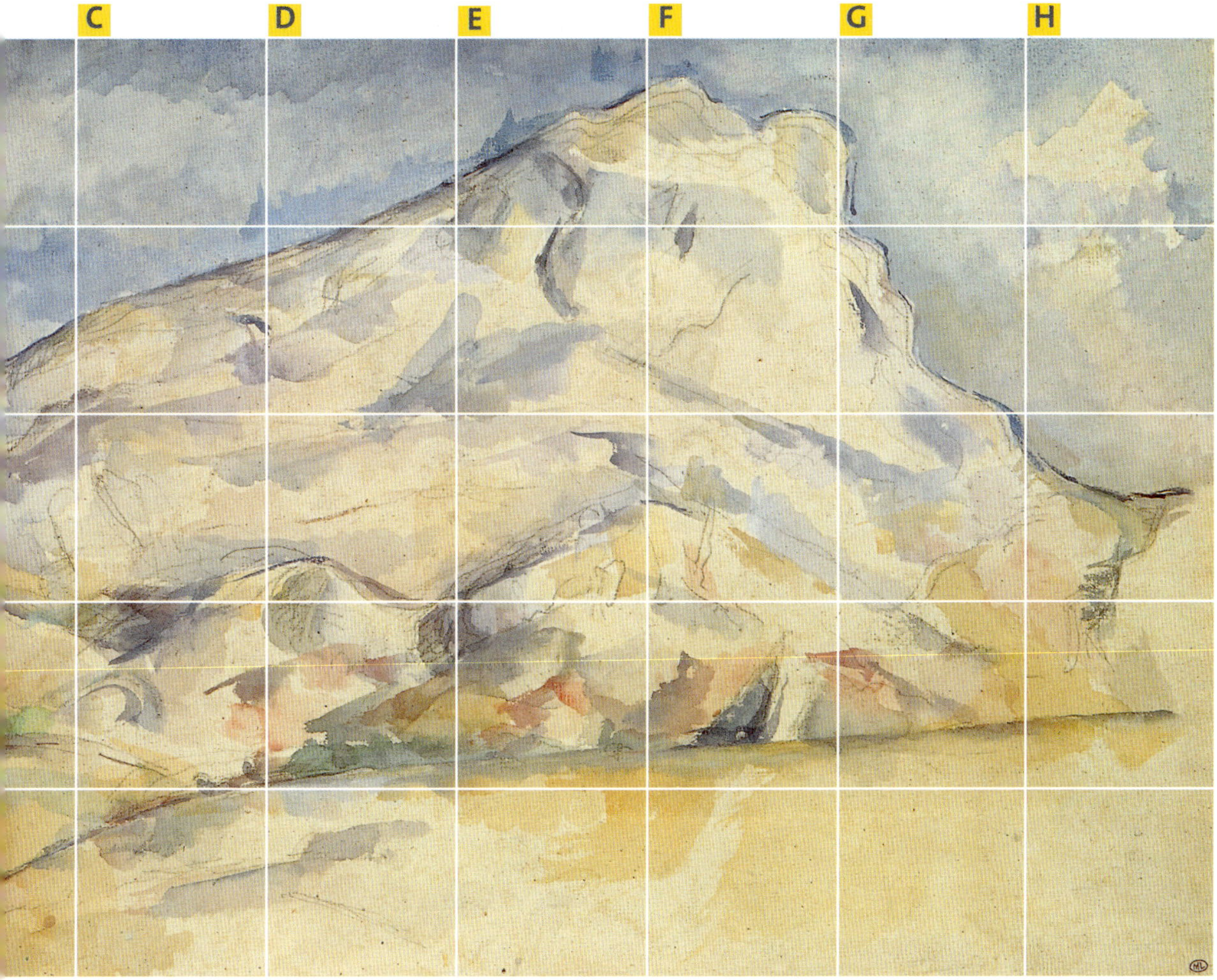

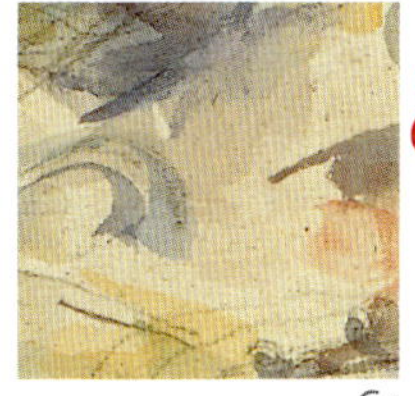

Tamaño real: 31,1 x 47,9 cm

B1

6 **Pinte el cielo en azul de cobalto**: realice trazos verticales, y horizontales en algunos lugares. Para pintar en gris algunas partes, rompa el azul con tierra de sombra. Deje secar y luego vuelva a pintar por encima en diagonal con el mismo azul para conseguir un color más oscuro.

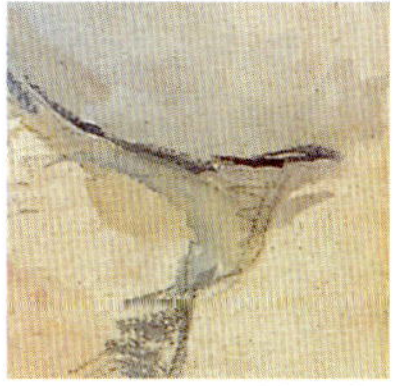

H3 - G4

7 **Realce algunos lugares** con tierra de sombra para pronunciar el relieve.

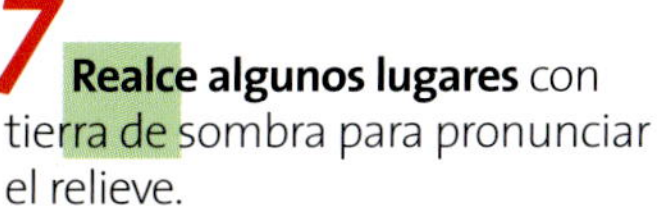

C4

8 **Haga con cuidado** los dos semicírculos en la base de la montaña de azul cobalto.

Los 4 criterios objetivos del color
- El color: nombre del color.
- La intensidad: efecto de saturación del color; cuanto más diluido está, menos intenso es.
- El tono: cantidad de blanco que contiene el color; aparece por transparencia en el papel.
- El valor: cantidad de gris en el color; varía cortando el color con otro color.

Fuente española

Por todo el perímetro del Mediterráneo, las casas son blancas.
Aquí tenemos el tema ideal para aprender a usar los reservados del blanco.

Material

- Papel especial para
  acuarela de 300 g/m²
- Regla
- Lápiz HB
- Goma
- Esponja
- Secante
- 2 vasos de agua
- Trapos
- Hoja de cuchillo
- Papel de vidrio

Los pinceles

- 1 pincel
  petigrís del n°4
- 1 pincel de pelo
  de marta del n°10
- Cincel

La paleta

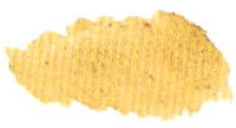
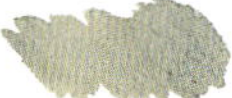
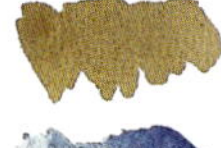
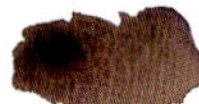

1 **Con una regla y un lápiz**, trace la cuadrícula sin apretar. Después dibuje el contorno de la fuente. Borre la cuadrícula y los trazos inútiles.

2 **Ponga goma de tapar** (cf. p. 44) en todos los límites de las fachadas blancas: el bordillo del techo ondulado, el contorno de la fuente...

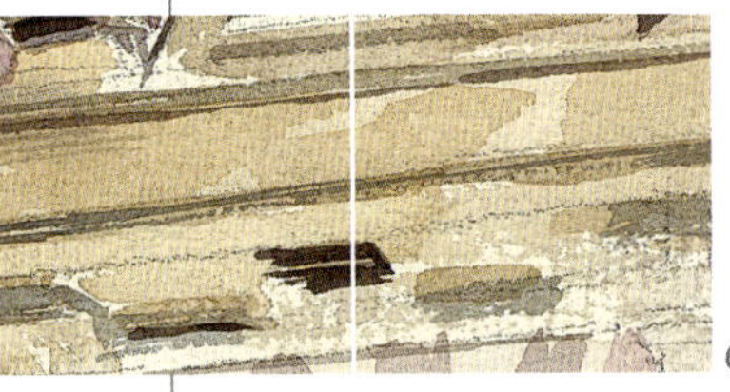

C4 - D4

3 **Pinte de amarillo ocre** muy diluido: las piedras de la fuente, los bloques de piedras de los lados, el farol, la decoración de encima de la pared (B2 y D2).

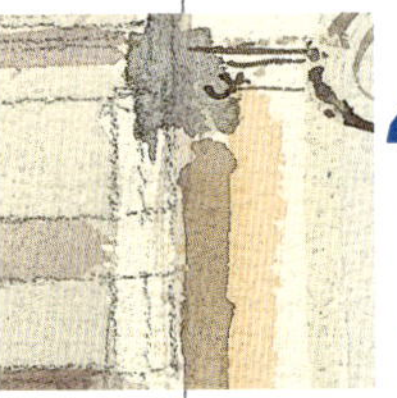

4 **Con un gris diluido**, obtenido con tierra de sombra y azul, pinte una de cada dos las piedras de la fuente, alternando con las que ha pintado en ocre en el paso **3**.

E5

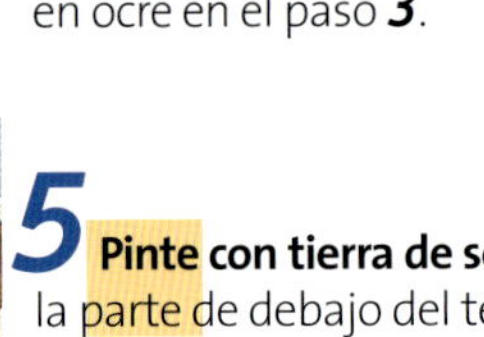

C2

5 **Pinte con tierra de sombra** la parte de debajo del tejado: respete los efectos de sombra y de luz diluyendo más o menos el color. Para que el trazo del pincel se vea en las zonas de sombra de las paredes (B5 y E8), ponga mucho color y poca agua en el pincel.

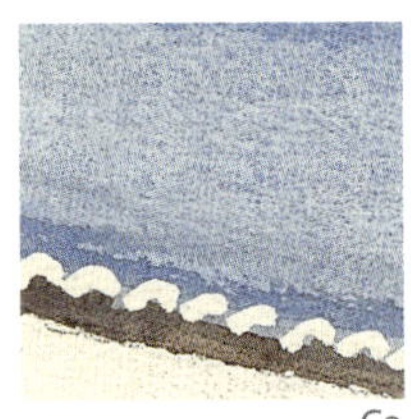

C2

6 **Pinte el cielo en papel seco** de color azul ultramar. Sobre este azul aún húmedo, pinte una segunda capa con el mismo color para hacerlo difuminar (cf. p. 8).
   Enderece entonces la hoja de manera que se deslice el agua coloreada: tenga cuidado de que no se corra por el resto del dibujo (cf. p. 6).

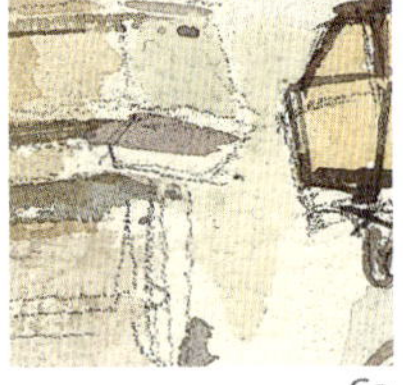

C2

7 **Con una mezcla** de tierra de sombra y de violeta, vuelva a tomar el dibujo con un pincel fino para señalar las sombras y subrayar los contornos: borde del techo, farola, detalle de las piedras, adorno central de la fuente (D5).

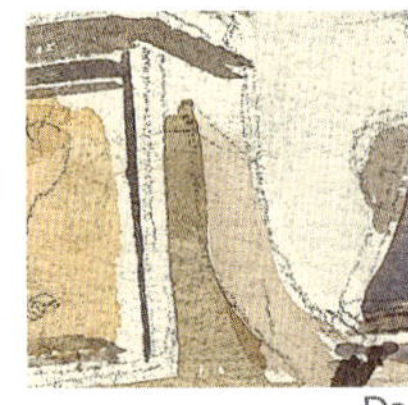

D3

8 **Cuando el papel esté bien seco**, frote con el dedo o una goma en las partes donde había puesto la goma de tapar: el blanco volverá a aparecer.

Los reservados

Para hacer reservados se usa la goma para tapar: se extiende con el pincel y se retira frotando, con una goma o con el dedo.
El uso de la goma de tapar nos acerca la acuarela a las técnicas de pintura sobre tela, donde se delimitan las formas que hay que pintar con la goma, para evitar que el color se expanda.

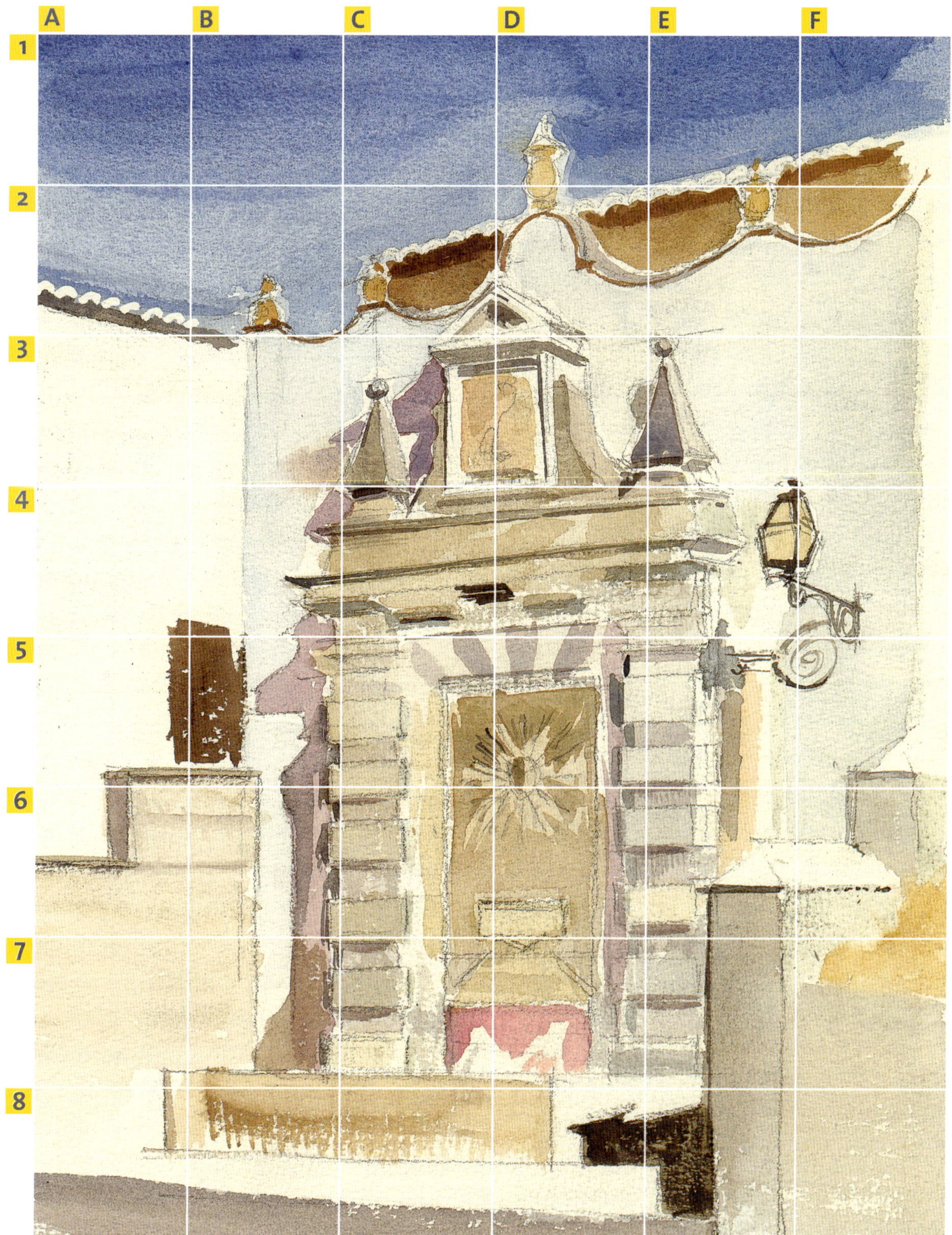

a partir de **Vincent Van Gogh**
La siesta (1889-90)

Al sol y a la sombra

Aprenda la técnica del rayado con el pincel fino,
para dar fuerza y vida a su acuarela.

Material

- Papel especial para acuarela
  de 300 g/m²
- Regla
- Lápiz HB
- Goma
- Esponja
- Secante
- Vasos de agua
- Trapo

Los pinceles

- 1 pincel petigrís del n°4
- 2 pinceles de pelo de marta
  del n°2 y del n° 10
- Cincel

La paleta

1 **Con una regla y un lápiz** trace la cuadrícula sin apretar. Haga la composición y después borre la cuadrícula. Señale los reservados: en la ropa (C4) por ejemplo.

E2 - F2

2 **Los amarillos del heno**. Amarillo limón: pinte trazos lisos y horizontales para el campo y el heno cortado, y en diagonal, de manera repetitiva y regular, para las muelas. No se olvide del sombrero de paja (G3). Una vez seco, reálcelo con laca amarilla, ocre amarillo y tierra de sombra.

G3

3 **La piel.** Corte el ocre amarillo con un poco de bermellón, diluya mucho. Use un pincel fino sin ponerle mucha agua.

B6

4 **Los realces rojos**. En el primer plano, siga el dibujo de cada hierba en bermellón, pinte también la sombra de la cara (G3).

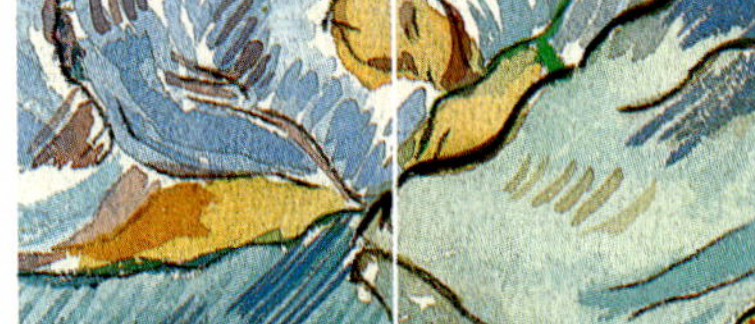

E4 - F4

5 **Los personajes**. Azul de cobalto: diluya más o menos el color según esté pintando las partes más o menos claras. No olvide los zuecos (F5) ni las hoces (G5).

B 1

6 **El cielo**. Pinte unas manchas ligeramente cruzadas en ultramar. Espere a que esté seco, después vuelva a pintarlo en azul de cobalto.

Con la acuarela, **el color nunca es igual**, lo que le da toda la riqueza a esta técnica.

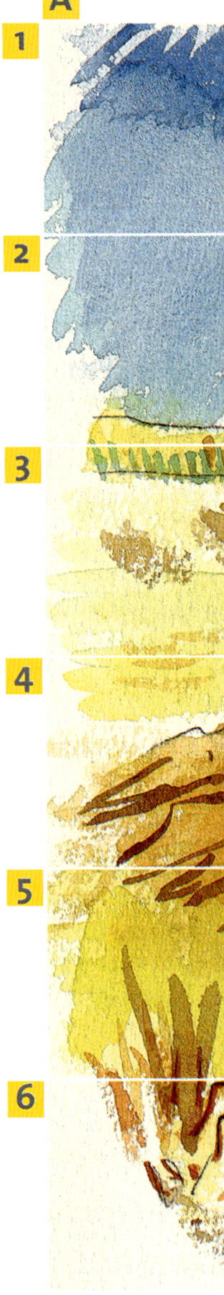

Las distintas calidades de papel

Encontraremos papel para acuarela en diferentes formas:

- blocs de 270 g/m²
- hoja, hasta 600 g/m².

Cuanto menor es el gramaje, más tendencia tiene el papel a combarse bajo el efecto de la humedad. Para evitarlo, trabaje con una hoja de tamaño grande (50 x 65 cm) en la que rebajará los bordes.

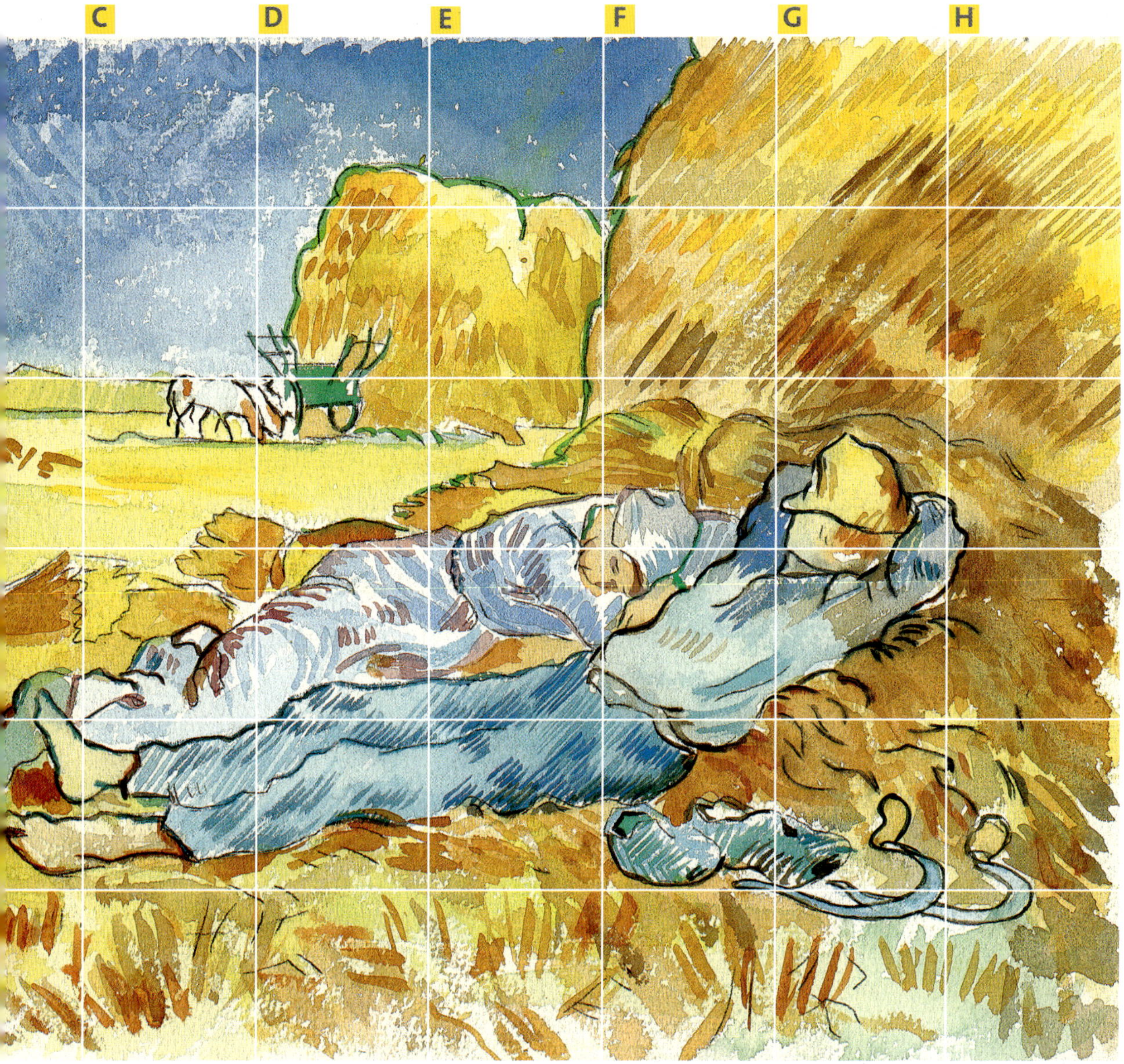

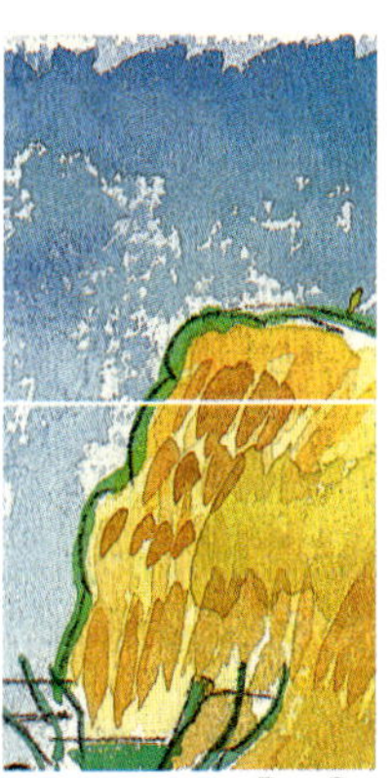

7 **Marque el contorno** de los pajares y del campo, así como de la carreta, con verde inglés.

Para realizar los detalles y los perfiles: utilice un pincel fino y séquelo ligeramente para que no esté demasiado embebido de agua.

D1 - D2

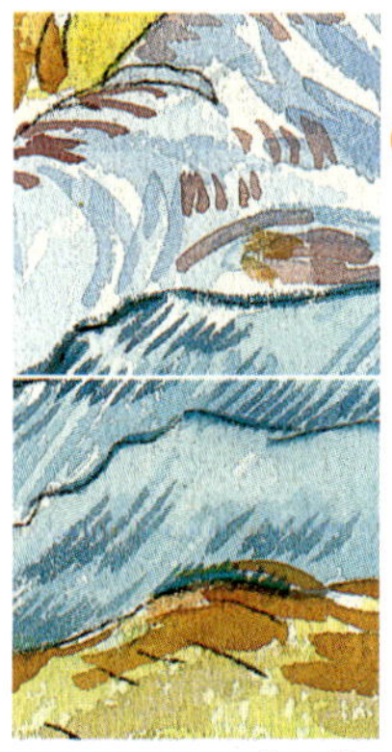

8 **Sombree el vestido** en violeta y marque el contorno del hombre con un pincel fino de marta: mezcle ultramar y bermellón para conseguir el negro.

D4 - D5

Paul Gauguin
Paisaje polinesio
del *Album de Noa-Noa*

La acuarela es el arte por excelencia de los «trotamundos», quienes se iban a dar la vuelta al mundo. Gauguin, él también, no pudo resistir la llamada de las islas paradisíacas y le hace descubrir Las Marquesas.

Material

- Papel especial para acuarela de 300 g/m²
- Regla
- Lápiz HB
- Goma
- Esponja
- Secante
- 2 vasos de agua
- Trapo

Los pinceles

- 1 pincel petigrís del n.° 4
- 2 pinceles de pelo de marta del n.° 9 y del n.° 10
- Cincel

La paleta

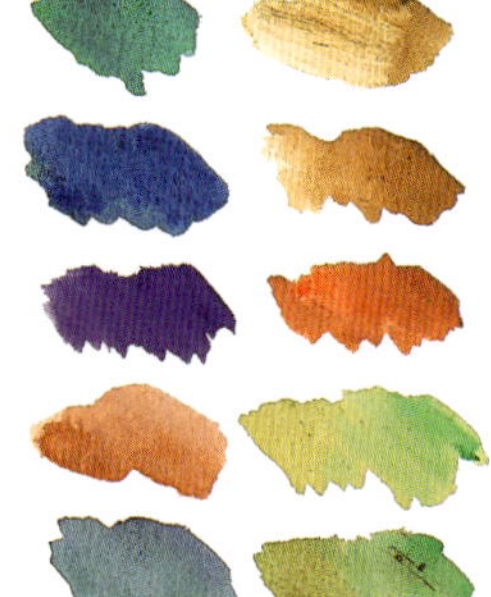

E3 - B3

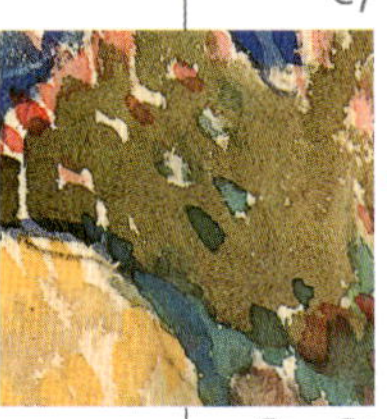

C7

G2 - G3

1 **Con una regla y un lápiz**, trace la cuadrícula sin apretar. Haga la composición y después borre la cuadrícula. Señale los reservados.

2 **Pinte un fondo** uniforme muy diluido en ocre amarillo. Déjelo secar.

3 **Sitúe los amarillos** de la hierba y de las hojas con pequeños toques no muy diluidos.

4 **Ponga enseguida el ocre amarillo**, después los tierras haciendo manchas verticales: no manche las partes que serán rosadas.

5 **Pinte el árbol rojo** del segundo plano y los frutos del árbol del primer plano. Si quiere que sus colores sean vivos, no los diluya demasiado.

6 **Para el césped**, varíe los verdes: rompa el verde, ya sea con el amarillo o con el ocre.

7 **Los árboles del fondo** (G3) están pintados de azul cortado con verde muy diluido: deje en blanco lo que será rosa (H3). El color está menos diluido en el árbol del primer plano (G6).

8 **Haga el cielo** y el rosa de las hojas con violeta muy diluido. Para las manchas del primer plano, use el mismo color menos diluido.

¿Para qué sirve el blanco de China?

Es un blanco que cubre, que permite conseguir una pasta más espesa, acercándose a la aguada (gouache). Se usa cuando se quiere tapar de blanco un color más oscuro. Si usted no tiene blanco de China, puede usar aguada blanca. Pero, ¡cuidado! No trabaje demasiado con este blanco porque corre el peligro de perder la cualidad fundamental de la acuarela: la transparencia.

A

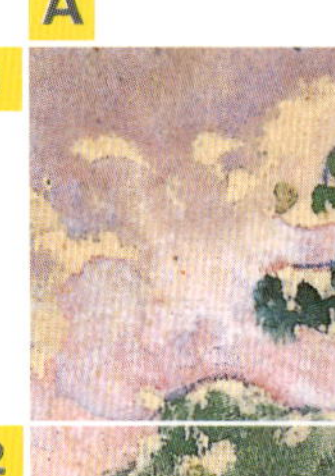

1

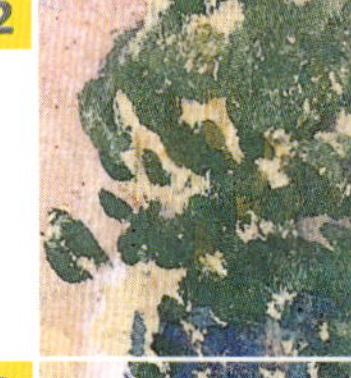

2

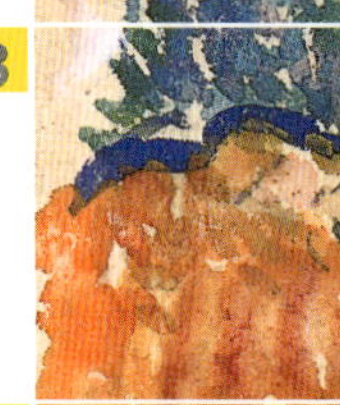

3

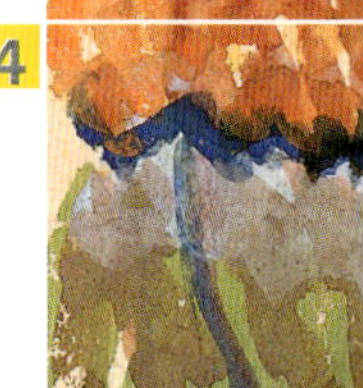

4

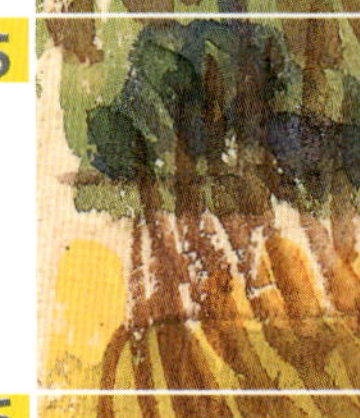

5

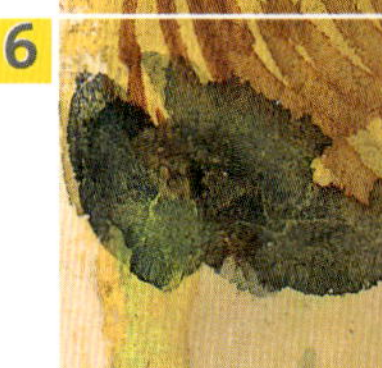

6

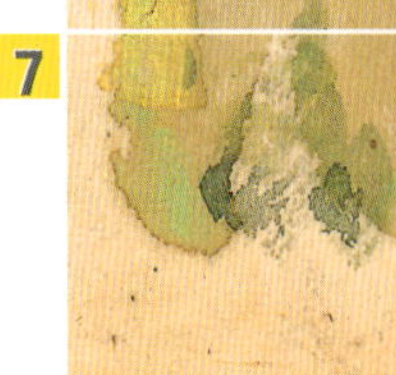

7

Tamaño real: 31,5 x 23,2 cm

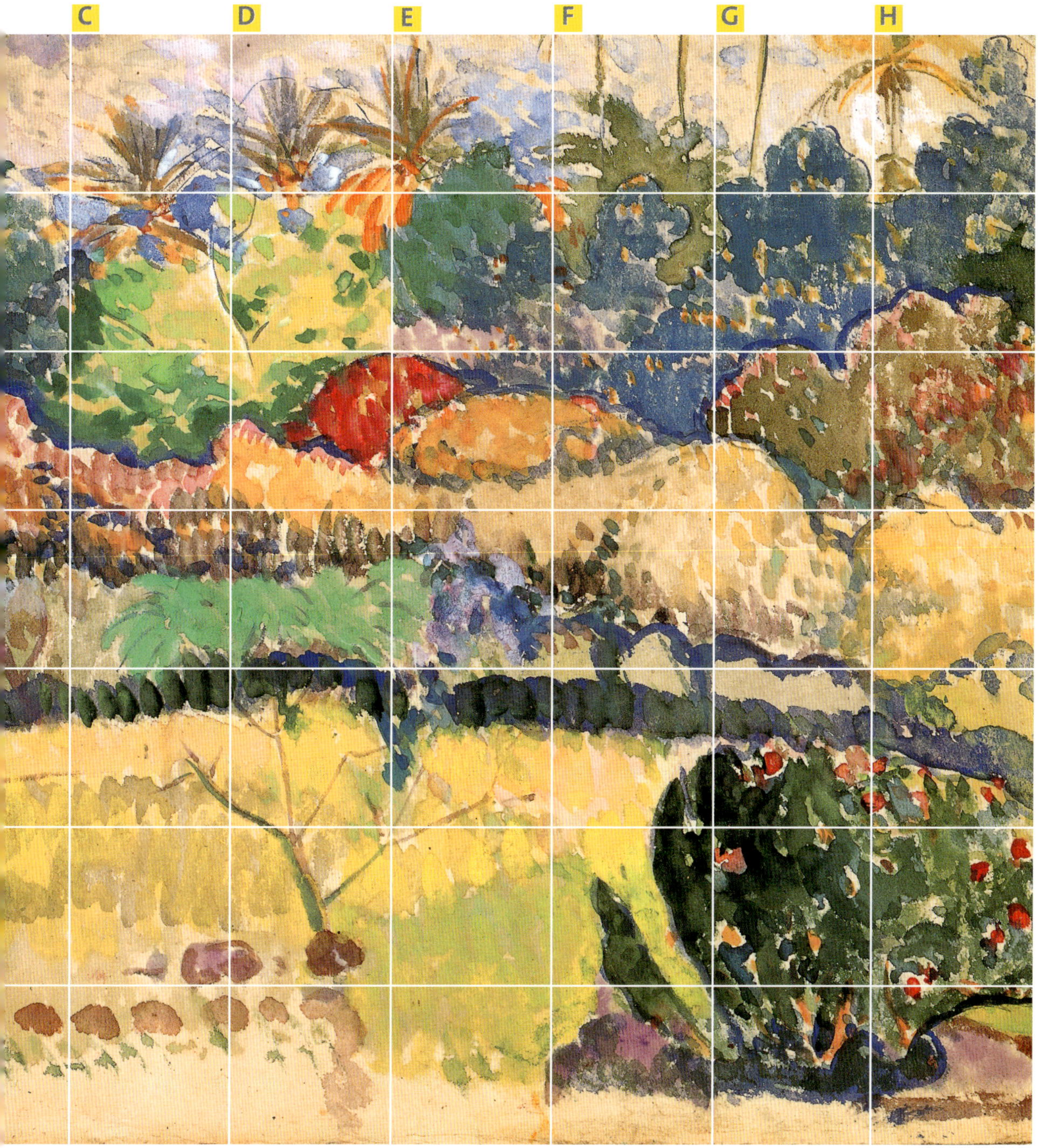

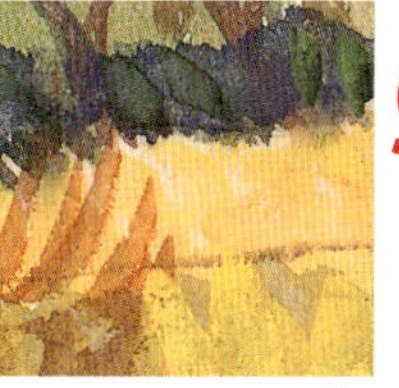

©Photo RMN · Michèle Bellot

9 **Mezclando violeta** y verde, pinte la sombra de debajo de los árboles haciendo una serie de pequeños toques verticales.

B5

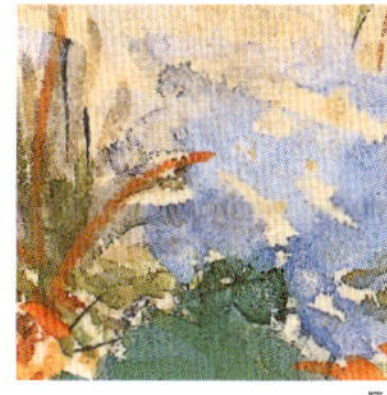

10 **Mezcle blanco de China** con un poco de azul, para volver a hacer pequeños toques en el cielo, y con un poco de violeta, para volver a dar unos toquecitos bajo los árboles.

E1

Pierre Joseph Redouté
Rosas pintadas

La acuarela es un medio maravilloso para descubrir la naturaleza, observando los colores y las formas.

Material

- Papel especial para acuarela de 300 g/m²
- Regla
- Lápiz HB
- Goma
- Esponja
- Secante
- 2 vasos de agua
- Trapos

Los pinceles

- 1 pincel petigrís del n.°4
- 1 pincel de pelo de marta del n.°10
- Cincel

Después de haber señalado los reservados que deja en blanco, coloque sus colores en el siguiente orden:
1. amarillo
2. naranja
3. tierra
4. rojo
5. verde
6. azul
7. violeta
8. gris

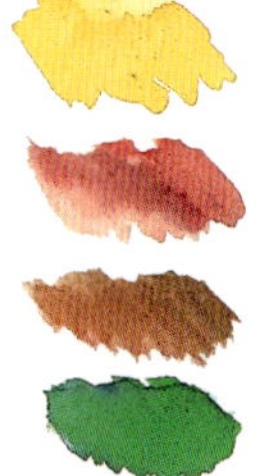

1 **Con una regla y un lápiz,** trace la cuadrícula sin apretar, como en el dibujo de la página de la derecha. Después dibuje los contornos de la rosa y de los pétalos. Borre en seguida la cuadrícula.

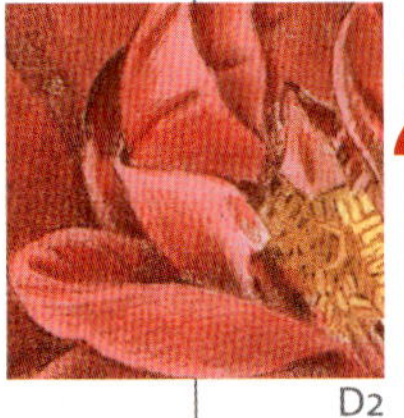

D2

2 **Pinte en amarillo** la mariposa posada en los pétalos (D2) y pinte una capa base amarilla en las hojas claras. (C3, A5 y B5).

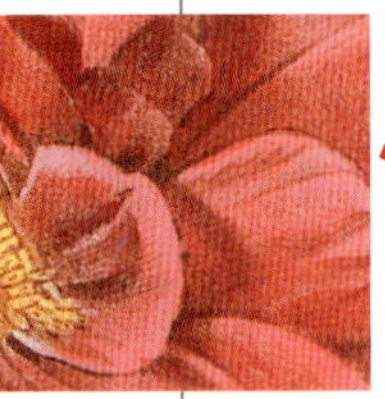

E2

3 **La rosa está pintada con carmín muy ligero**: empiece por el borde muy diluido, después vaya hacia el interior por capas sucesivas, poniendo cada vez menos agua pero trabajando en húmedo.

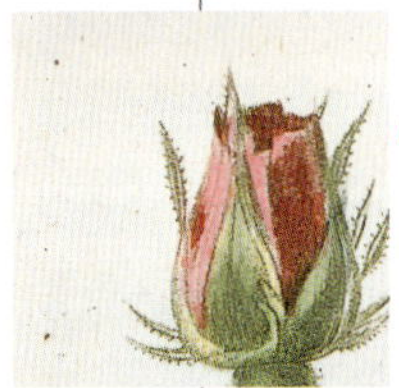

B1

4 **Vuelva a pintar la yema de la rosa** con un poco de tierra de sombra. No olvide las partes rojas de los tallos.

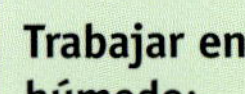

Trabajar en húmedo: es aplicar un color sobre otro que aún no está seco. Los colores se mezclan suavizando su zona de contacto y creando efectos de mezcla (cf. p. 8).

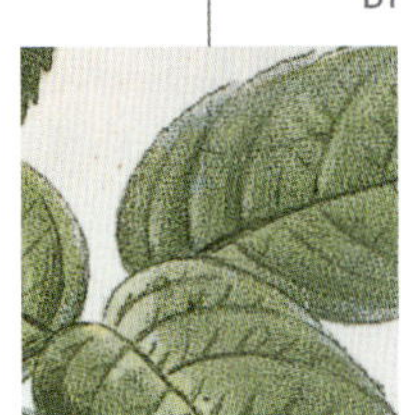

E5

5 **El verde se conseguirá** con una mezcla de azul de Prusia y de amarillo. Haga una sola capa en las partes claras, pero puede hacer varias en las oscuras.

Para **difuminar los trazos del pincel,** espere a que la acuarela se seque –pero no completamente–; después frote suavemente con un pincel ligeramente empapado de agua.

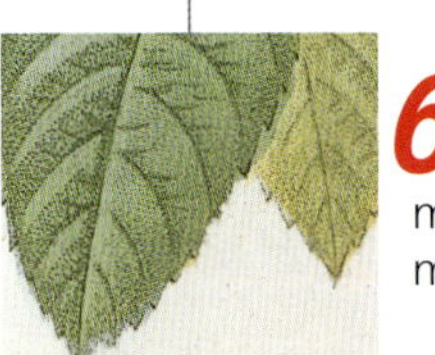

B5

6 **Cuando el papel esté seco,** pinte las nervaduras en azul mezclado con muy poco amarillo. Use la punta de un pincel muy fino y respete las formas geométricas de las nervaduras.

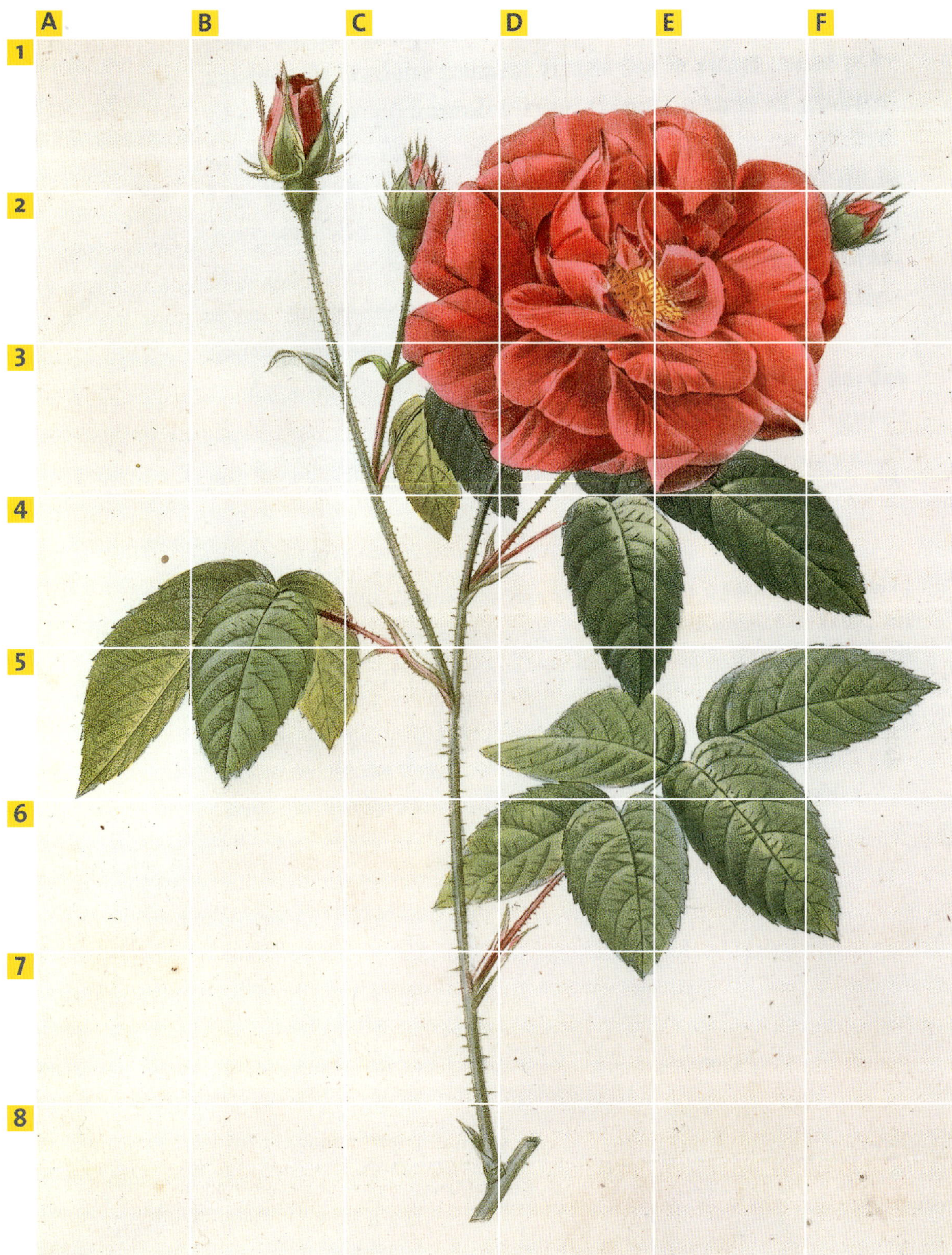

Rama florida

Con este estudio en papel seco, aprenderá a situar los colores usando las cualidades del gris.

Material

- Papel especial para acuarela de 300 g/m²
- Regla
- Lápiz HB
- Goma
- Esponja
- Secante
- 2 vasos de agua
- Trapos

Los pinceles

- 1 pincel petigrís del n.°4
- 1 pincel de pelo de marta del n.°10
- 1 cincel

La paleta

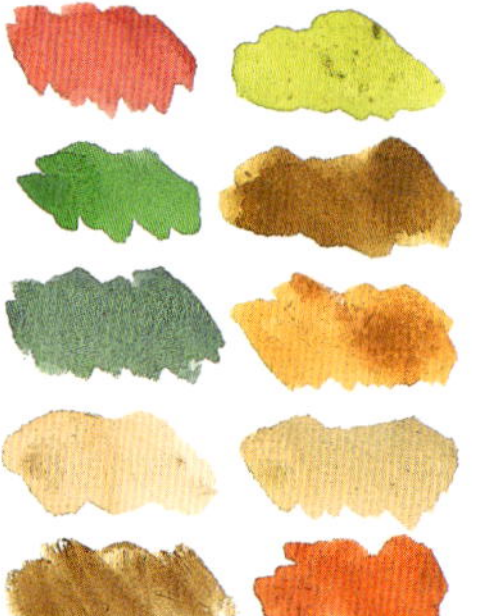

Para controlar el escalonamiento de la pintura o conseguir efectos, varíe la inclinación de la hoja:
• horizontalmente, la pintura se queda más o menos donde la ha puesto,
• inclinando la hoja, es usted quien decide el sentido del derrame de la pintura, para que deje trazos en horizontal o en vertical.

1 **Con una regla y un lápiz**, trace la cuadrícula sin apretar. Después dibuje los contornos de las flores. Borre la cuadrícula.

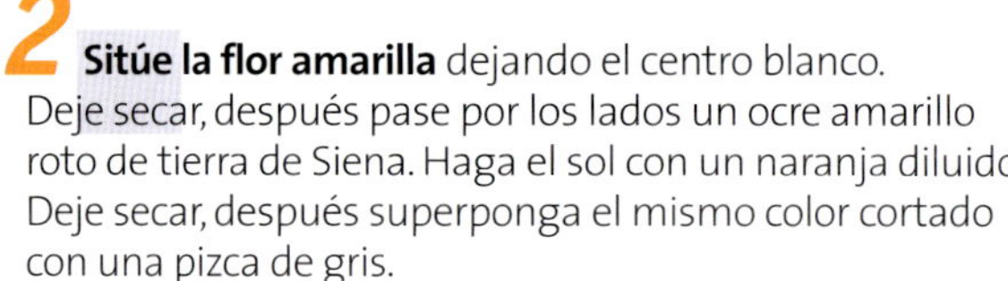

D5

2 **Sitúe la flor amarilla** dejando el centro blanco. Deje secar, después pase por los lados un ocre amarillo roto de tierra de Siena. Haga el sol con un naranja diluido. Deje secar, después superponga el mismo color cortado con una pizca de gris.

F4

3 **Pinte una capa base en bermellón** a todas las flores rojas. Deje secar, después pase una capa del mismo rojo menos diluido. Para el clavel (A3), humidifique el papel con el pincel mojado, después póngale bermellón encima de la mancha de agua: el color se difumina, se esparce. Deje secar.

B6

4 **La flor rosa**: pinte en carmín muy diluido, sin preocuparse de los detalles. Deje secar, después con un pincel muy fino y el mismo color menos diluido, realce el límite de cada pétalo.

El realce: proceso que consiste, con toques claros u oscuros, en acentuar la forma y darle relieve al dibujo.

D7

5 **Con un verde cortado** de azul de ultramar diluido, haga las hojas del primer plano y deje secar. Sombree mezclando verde, azul y gris de Payne.

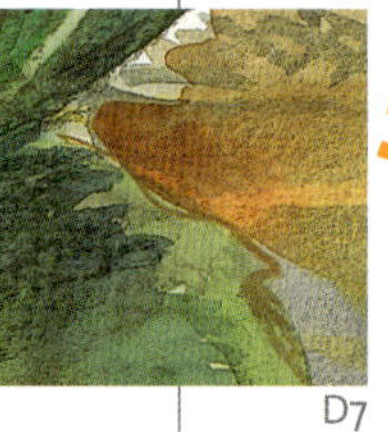

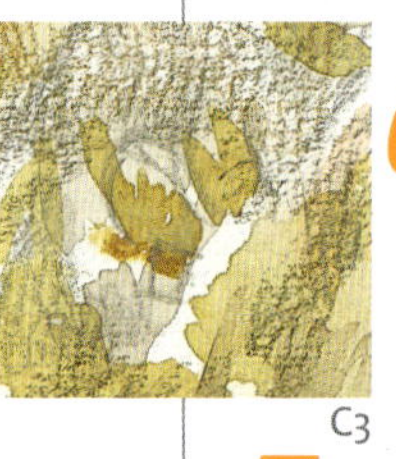

C3

6 **La rosa blanca se consigue** con un gris muy desleído, mezclando ocre y gris de Payne: respete los reservados en blanco y ponga poca agua en el pincel cuando aplique el color al papel.

7 **Mezcle ocre amarillo** con el gris para conseguir varias tonalidades de gris para colocarlas alrededor de la rosa blanca y sobre el fondo.

Los efectos del gris

El gris que normalmente encontramos en las cajas de colores, es el gris de Payne o el gris pizarra. El gris sirve para crear diferentes pasos o transiciones entre los colores.
• Al lado de un color cálido, parecerá frío.
• Al lado de un color frío, un gris parecerá cálido.

Los lápices de acuarela

Hay unos lápices que sirven para pintar acuarelas: se usan como lápices de colores y después, cuando el dibujo está acabado, se moja para que se convierta en una acuarela. Estos lápices nos permiten pintar detalles finos y son fáciles de transportar.

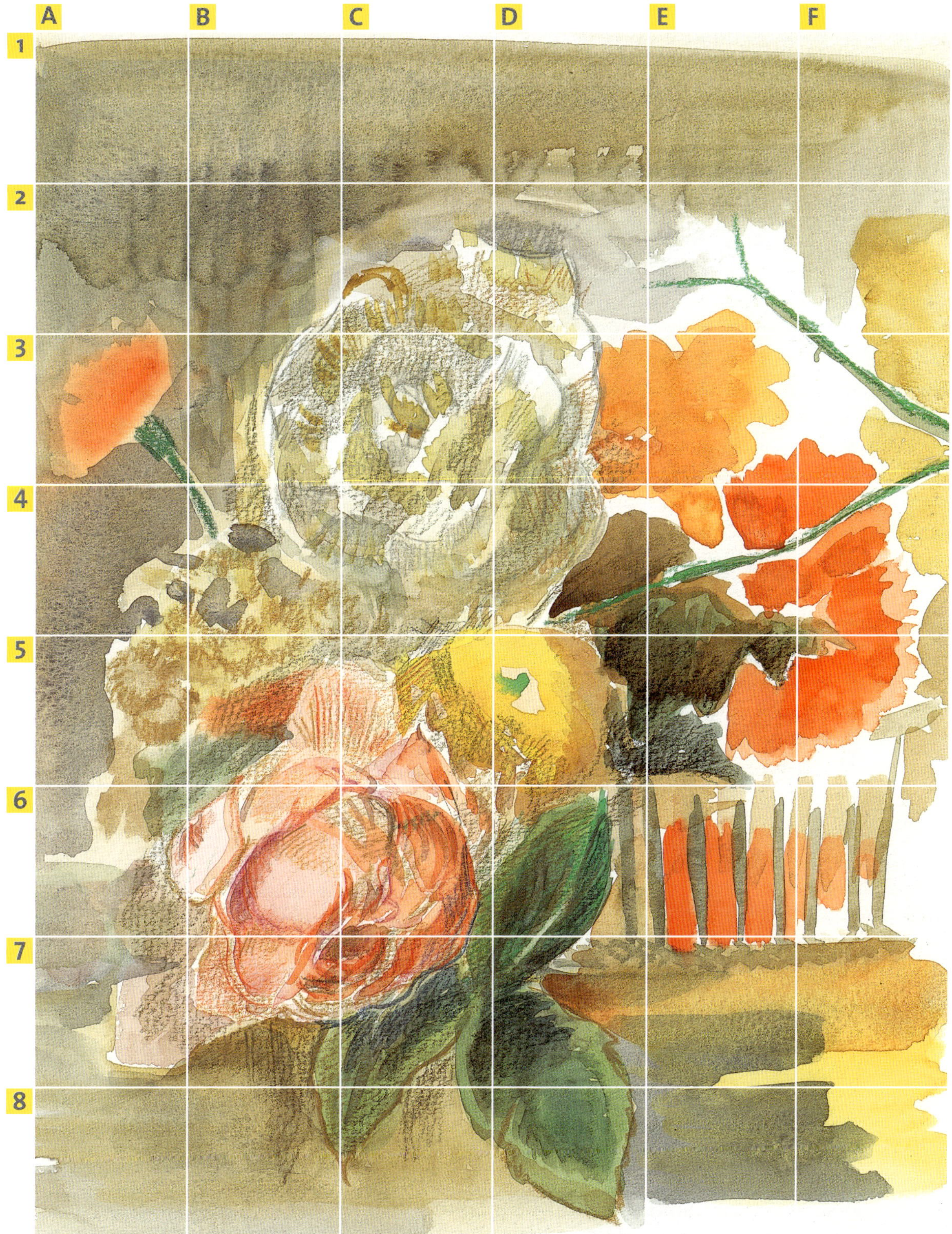

A B C D E F
1
2
3
4
5
6
7
8

a partir de **Henri Fantin-Latour**
Flores y frutos (1865)

Ramo en un jarrón transparente

Tratemos una nueva dificultad técnica: la transparencia de un jarrón.
Esta acuarela de Fantin-Latour va a enseñarnos a jugar con los reservados.

Material
- Papel especial para acuarela de 300 g/m²
- Regla
- Lápiz HB
- Goma
- Esponja
- Secante
- 2 vasos de agua
- Trapos
- Alcohol

Los pinceles
- 1 pincel petigrís del n.°4
- 1 pincel de pelo de marta del n.°10
- Cincel

La paleta

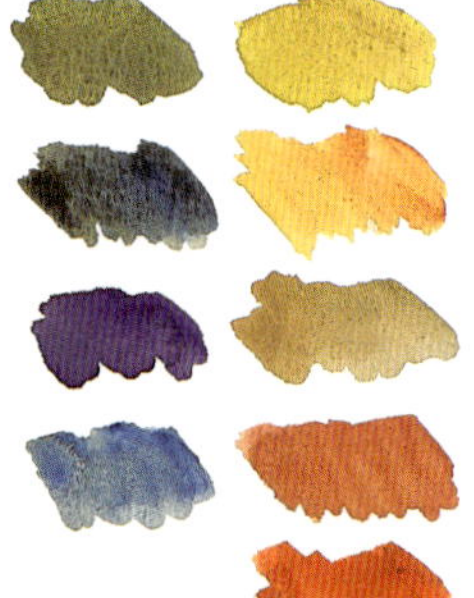

1 **Con una regla y un lápiz**, trace la cuadrícula sin apretar. Después haga la composición. Borre en seguida la cuadrícula.

▶*Nota:*
para este dibujo, señale bien los reservados, donde dejamos el papel en blanco. Son las partes blancas del jarrón, del plato y en medio de las flores. La flor blanca del centro la trabajaremos al final.

2 **Con un amarillo** cortado de ocre amarillo, pinte los frutos sin preocuparse de sus formas. La flor amarilla del ramo y el corazón de la blanca del centro se trabajarán al final (D4).

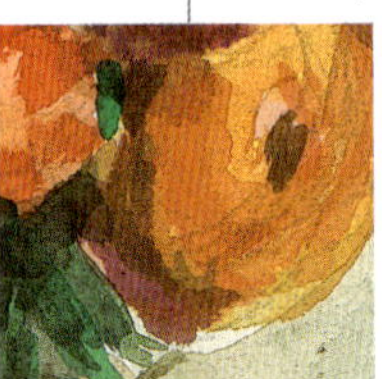

E4

3 **Para las flores naranja** y ocre oscuro, pinte una primera capa en naranja roto con tierra de sombra. Déjelo secar.

> **Dejar secar el papel** permite controlar el color: así no se extiende.

4 **Pinte las partes sombreadas** del ramo, los tallos en el agua, el contorno de las frutas y la sombra del plato en ocre oscuro o en tierra de sombra.

C3

5 **Haga la mesa** en carmín. Retoque la manzana en rojo vivo, deje secar y después pase rojo cortado con tierra de sombra. Pinte una capa base de bermellón en las flores que, al final, serán violetas.

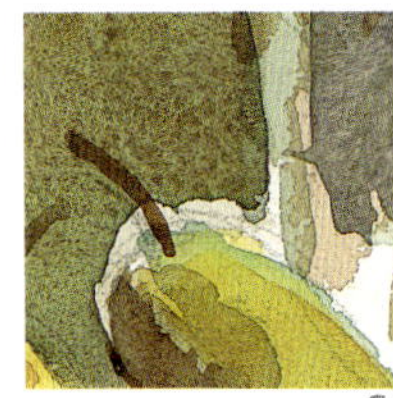

C5

6 **Para las hojas**, corte el verde con azul y tierra de sombra: para la pera, corte azul con muy poca tierra de sombra (bastante diluida), y para el fondo córtelo con tierra de sombra (muy diluida). Deje secar entre cada capa para conseguir zonas muy marcadas.

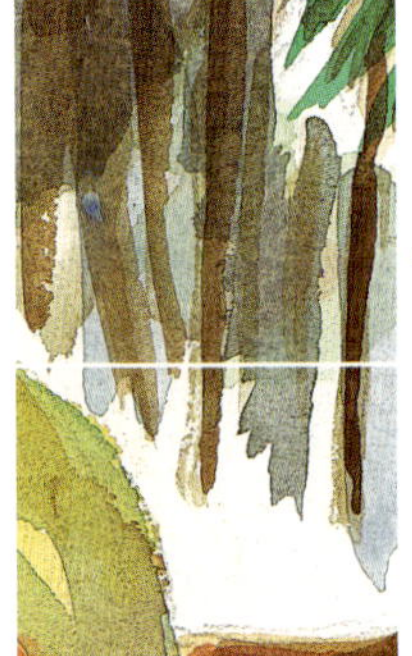

7 **Haga el reflejo del agua** cortando azul con tierra de sombra.

D5 - D6

8 **Haga las flores violetas** (C4 y E3): en la de la derecha, ponga un poquito de alcohol con la punta del pincel para que el color se deshaga.

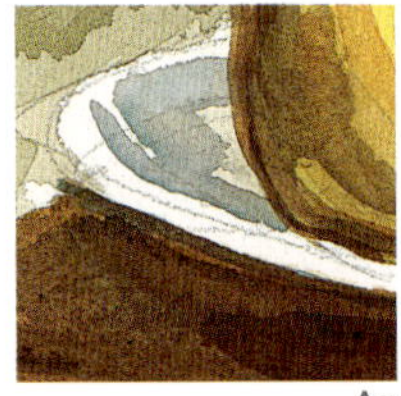

A7

9 **Con tierra de sombra** cortada de azul, vuelva a pintar el contorno y las sombras de los frutos. Haga el color definitivo de la mesa con un tierra de sombra.

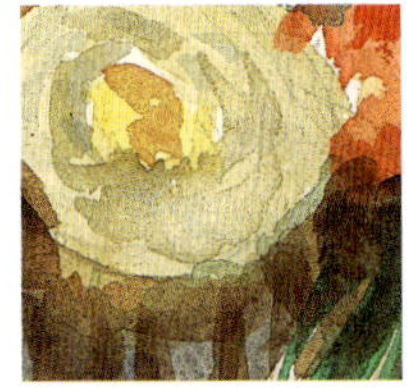

D4

10 **Sombree la flor blanca** con un jugo de tierra de sombra cortado de azul en semicírculo. Déjelo secar. Después pase ocre muy diluido por encima.

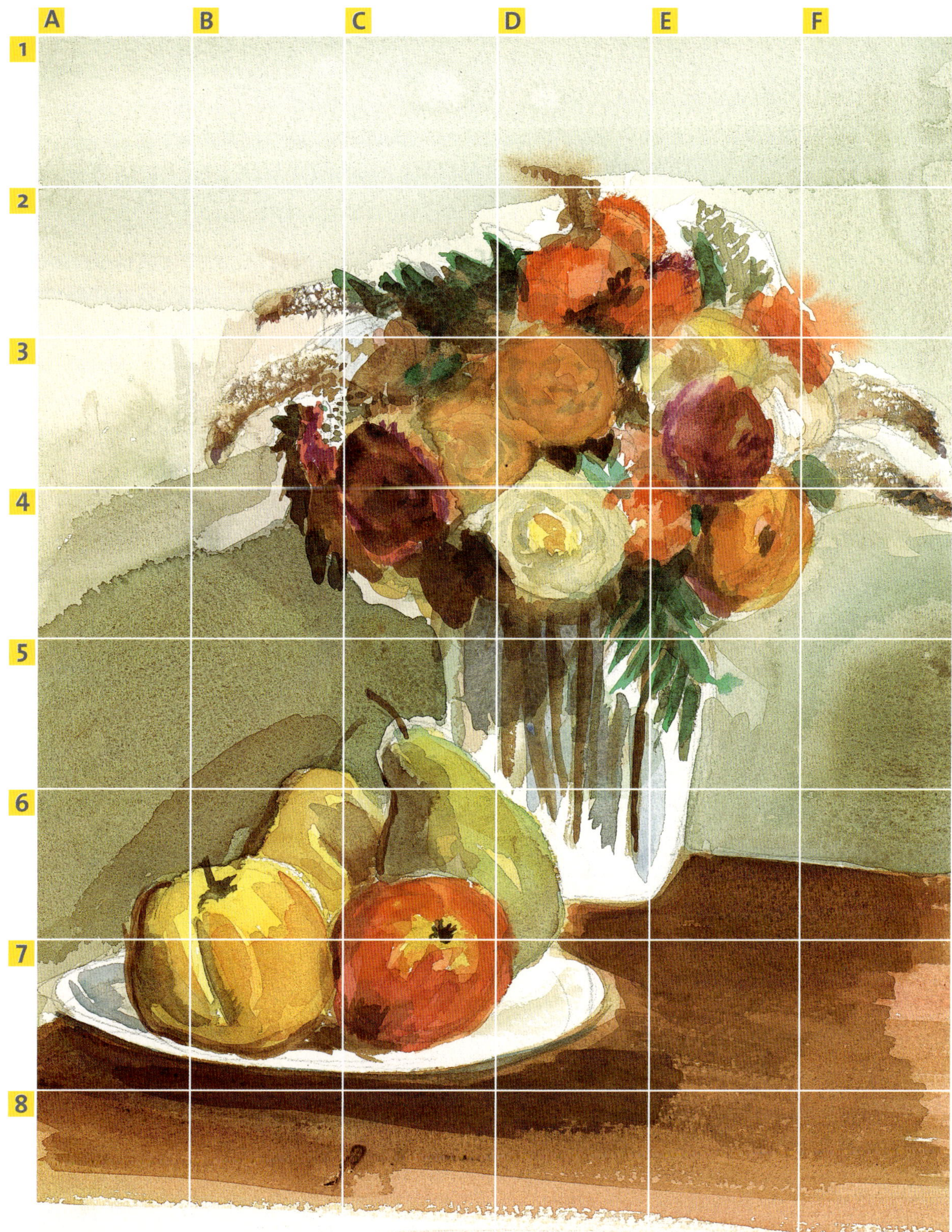

A
B
C
D
E
F
1
2
3
4
5
6
7
8

a partir de **Vincent van Gogh**
Cinco girasoles en un jarrón (1888)

Girasoles

Con este ejercicio inspirado en una tela de Van Gogh, comprenderá la función primordial del «contraste simultáneo» en el arreglo de los colores.

Material

- Papel especial para acuarela de 300 g/m²
- Regla
- Lápiz HB
- Goma
- Esponja
- Secante
- 2 vasos de agua
- Trapos

Los pinceles

- 1 pincel petigrís del n.°4
- 1 pincel de pelo de marta del n.°10
- Cincel

La paleta

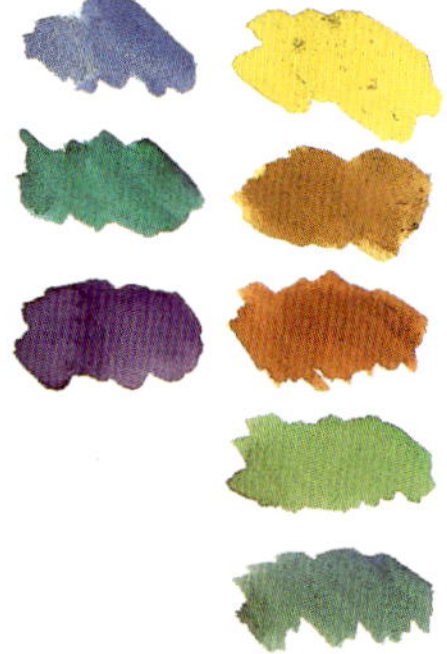

1 **Con una regla y un lápiz**, trace la cuadrícula sin apretar. Después dibuje el contorno de las flores. Borre en seguida la cuadrícula y señale los reservados.

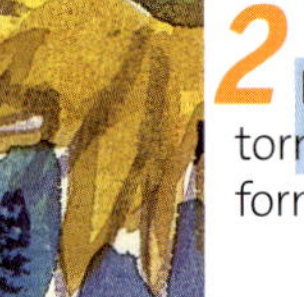

D3

2 **Haga el fondo amarillo** de los pétalos de los tornasoles con una pintura diluida respetando sus formas.

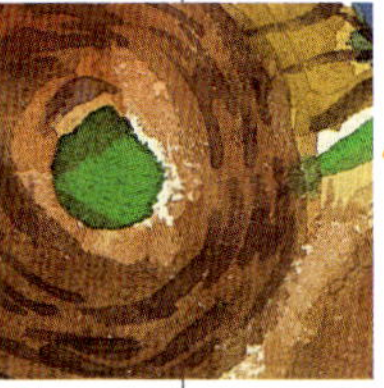

C4

3 **Sitúe los ocres** en el centro de las flores y, con mucha agua, pinte la mesa horizontalmente. Déjela secar y después realce con un poco de tierra de Siena cortada de bermellón.

> Para **acelerar el tiempo de secado**, se puede utilizar un secador de cabello.

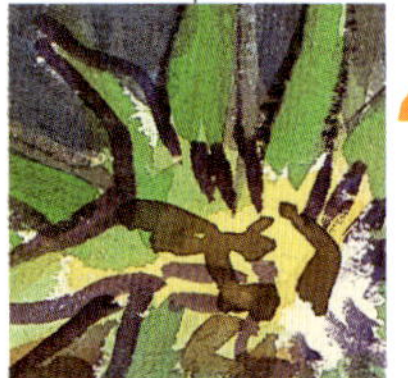

E7

4 **Pinte las hojas puntiagudas** y el jarrón en verde.

> Para **mezclar los colores**, puede superponer tantos colores como usted desee: espere a que estén bien secos entre cada capa.

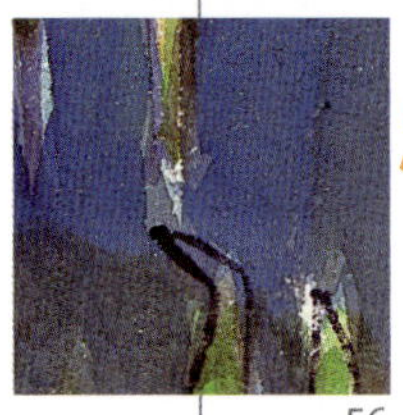

E6

5 **Haga el fondo** con unos toques en vertical de azul muy diluido. Luego, cuando el jarrón esté bien seco, repáselo otra vez con una mezcla de verde y de azul.

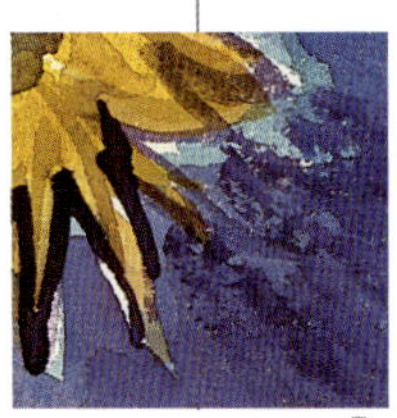

E3

6 **En violeta**, vuelva a pintar el contorno de los girasoles con un pincel fino. Después, cuando el fondo esté seco, reálcelo rodeando con cuidado las flores.

Ley de Chevreul, llamada de «contraste simultáneo»

Los colores se atraen (fig. A) o se rechazan (fig. B). Este fenómeno óptico se observa particularmente con los colores complementarios, como aquí. El mismo violeta que, en A, rodea el cuadrado amarillo y que, en B, está rodeado de amarillo parece diferente: En A, parece más intenso y más cercano. En B, parece más claro y más alejado.

fig. A   fig. B

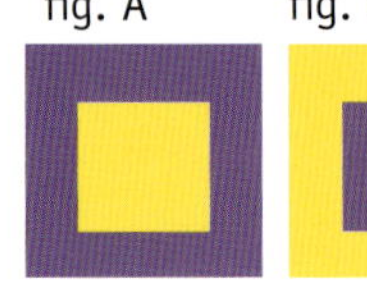

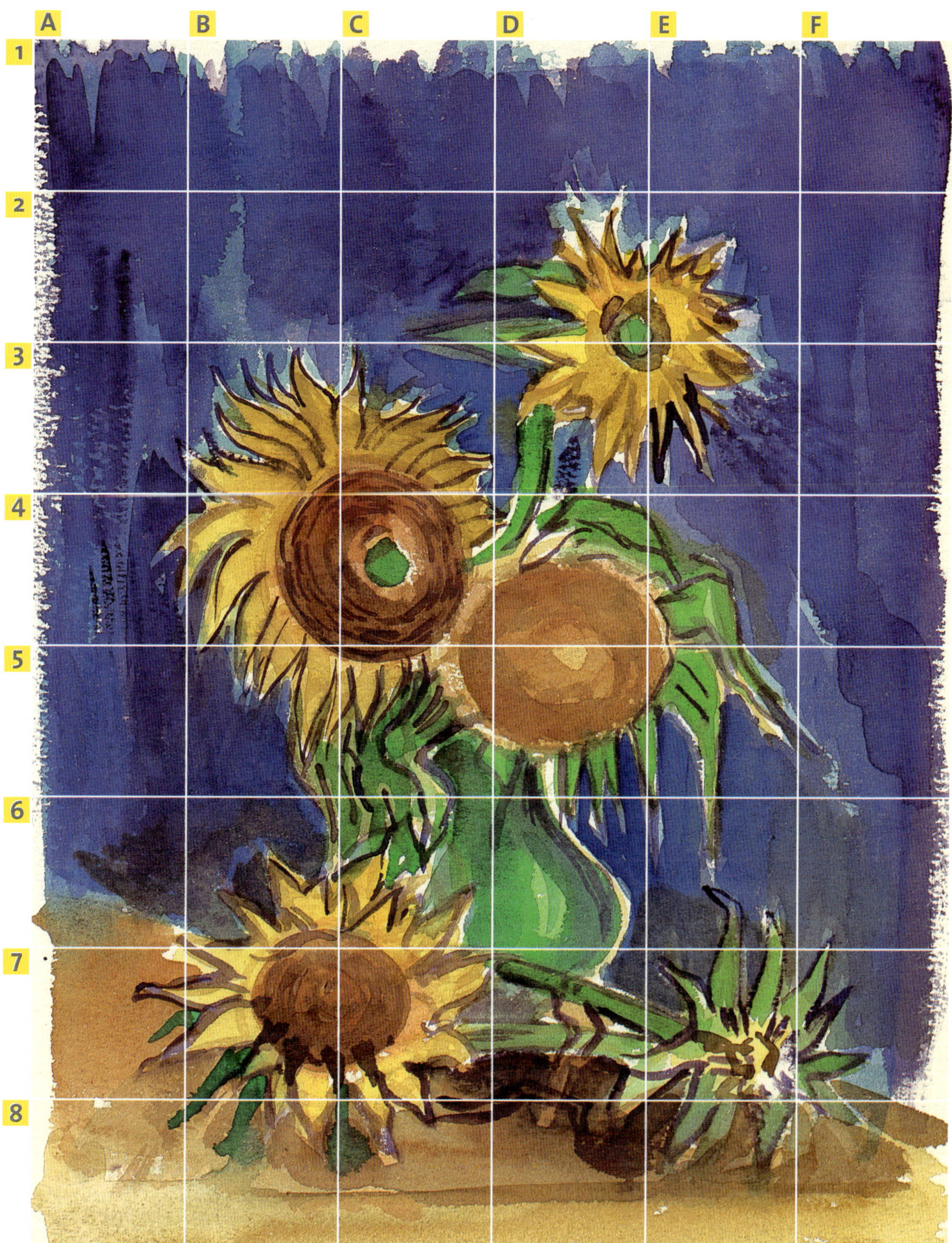

A B C D E F
1
2
3
4
5
6
7
8

a partir de **Josefa da Obidos**
Manzanas, peras y flores (1677)

Bandeja de fruta

Con esta acuarela de una gran artista, aprenderá una nueva técnica: jugar con los colores borrando algunas partes con lejía.

Material
- Papel especial para acuarela de 300 g/m²
- Regla
- Lápiz HB
- Goma
- Lejía
- Esponja
- Secante
- 2 vasos de agua
- Trapos

Los pinceles
- 1 pincel petigrís del n.°4
- 2 pinceles de pelo de marta del n.°10
- Cincel

La paleta

1 **Con una regla y un lápiz**, trace la cuadrícula sin apretar. Después dibuje los contornos de las frutas y de las flores. Borre en seguida la cuadrícula y marque los reservados.

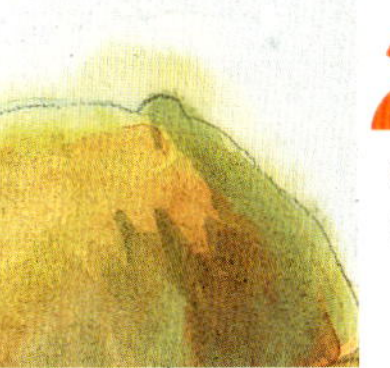

2 **Pase por las frutas** una capa base diluida de amarillo mezclado con laca amarilla: siga con cuidado su forma. Déjela secar.

D3

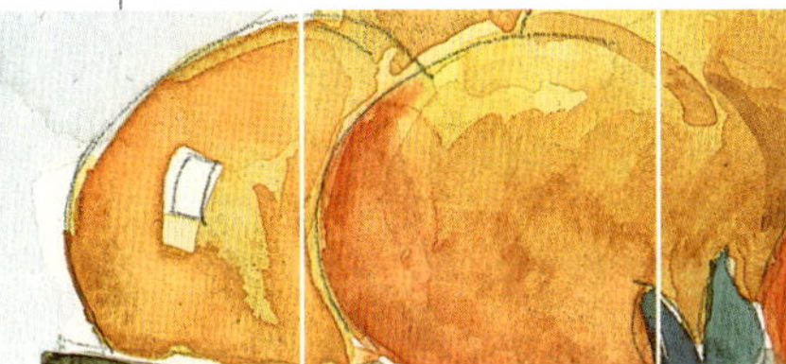

A4 - B4 - C4

3 **Realce las partes tornasoladas** de los frutos en bermellón: siga cuidadosamente las curvas.

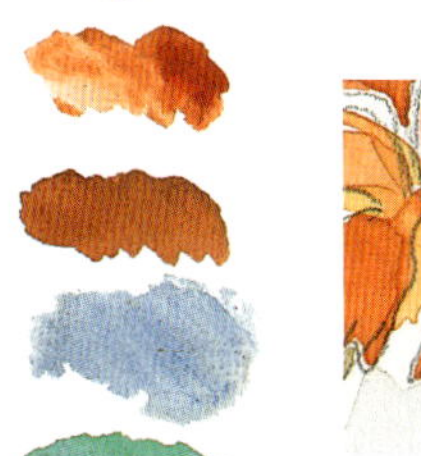

4 **Pinte las flores rojas** sin diluir el color demasiado para hacer los detalles de los pétalos.

D2

> Para conseguir un trazo limpio y **trabajar con finura**, utilice un pincel puntiagudo.

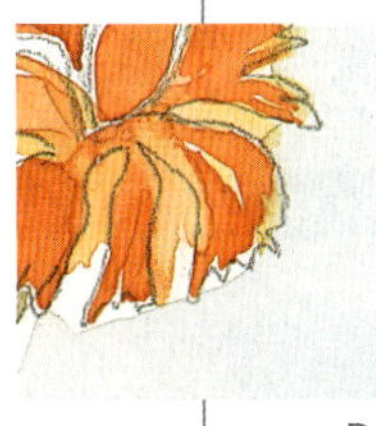

D5 - E5

5 **Pinte la bandeja** mezclando un poco de rojo al verde.

> Puede conseguir **efectos de luz** reservando algunas partes del dibujo: es el blanco del papel el que da la impresión de los reflejos (D5).

Cómo borrar la acuarela
- Si la acuarela se ha trabajado en un papel húmedo: pásele una esponja húmeda y borrará todo el dibujo.
- Si quiere empezar de cero, pase la hoja bajo el grifo.
- Para borrar algunas partes, puede absorber el agua con un secante, un pincel seco, un trapo de algodón, una bayeta...
- Si no, ponga un poco de lejía en la punta del pincel: borrará el dibujo y blanqueará la hoja. Enjuague bien su pincel con agua.

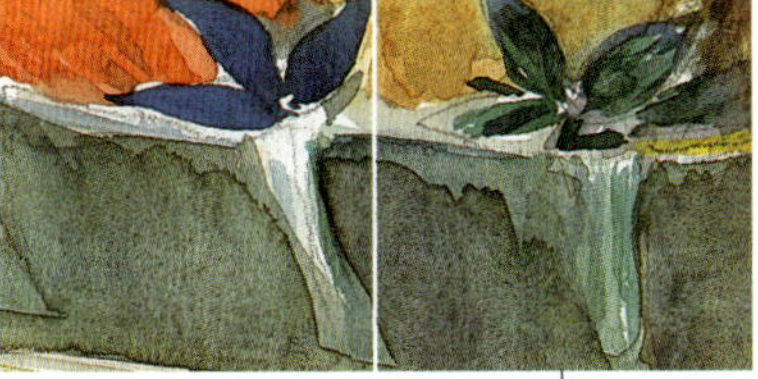

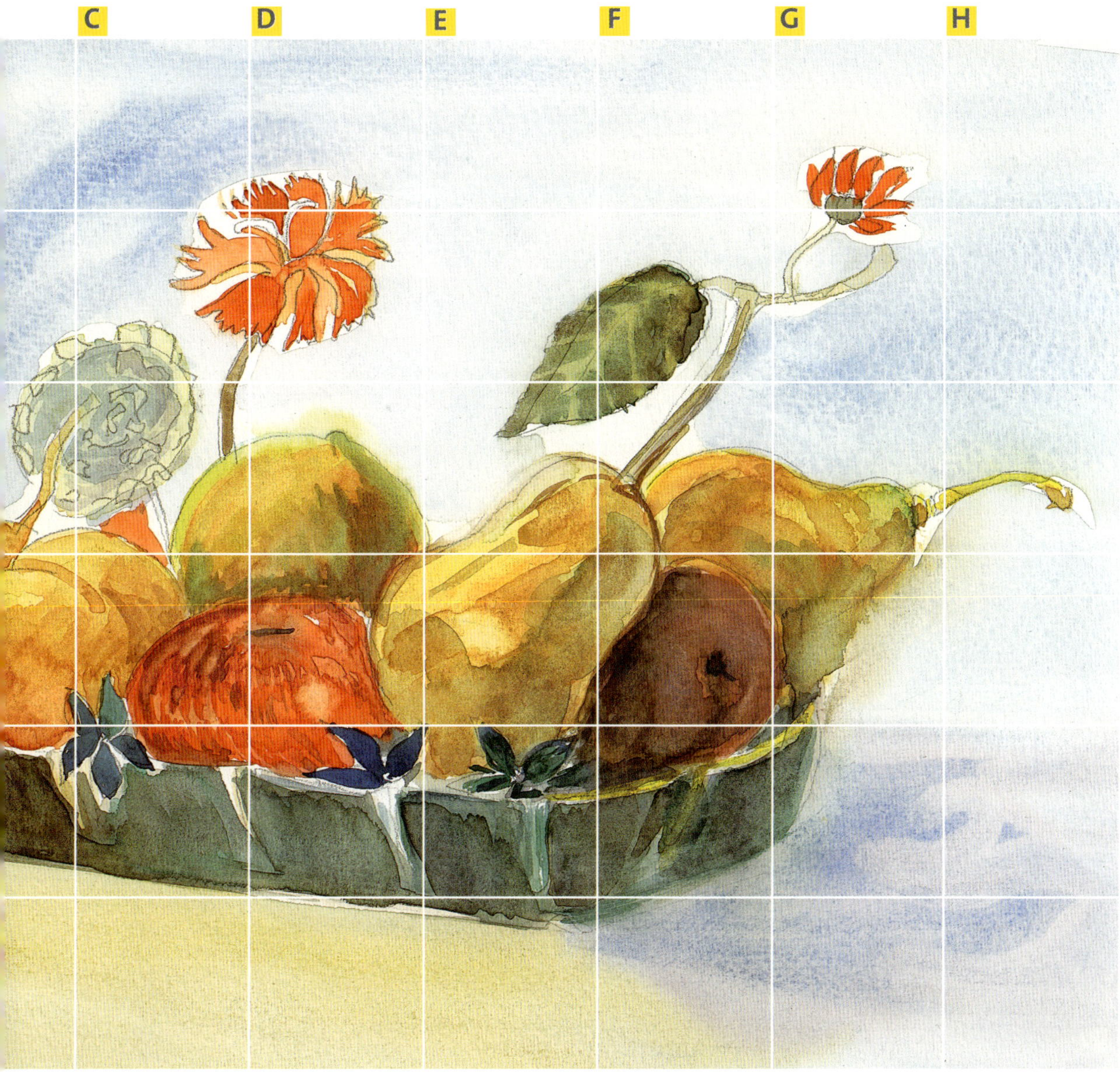

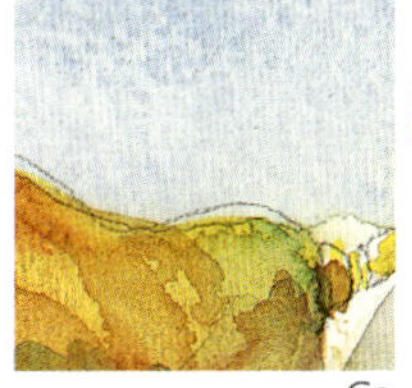

G3

6 **Realice el fondo** con un azul ultramar muy diluido: haga correr el color. Para las flores del primer plano, corte el azul con el verde.

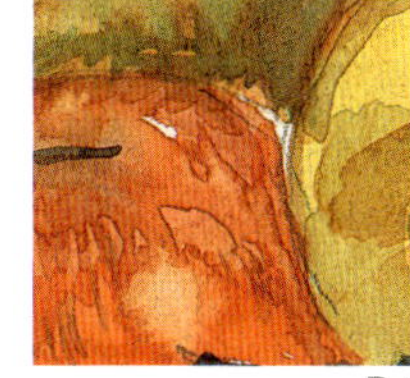

D4

8 **Moje el pincel** en lejía y ponga una gota en la manzana, el rojo se borra suavemente: difumine con la bayeta. Después, aclare el pincel con agua limpia.

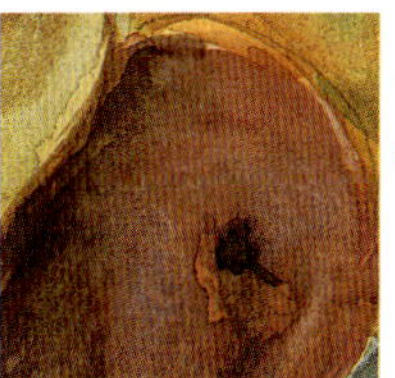

F4

7 **Realce la manzana** en violeta: haga trazos finos en un papel bien seco. Pinte la ciruela respetando la sombra y la luz.

> **Recuerde**
> La lejía no se debe dejar
> nunca al alcance de los niños,
> ni en un vaso.

por **Henri Fantin-Latour**
Flores en un jarrón (hacia 1880)

Ramo sobre fondo negro

La naturaleza del papel es muy importante en la realización de una acuarela,
pues se pueden obtener efectos ligados a su grano y a su textura.

Material
- Papel especial para
  acuarela de 300 g/m²
- Regla
- Lápiz HB
- Goma
- Esponja
- Secante
- 2 vasos de agua
- Trapos
- Goma de tapar

Los pinceles
- 1 pincel petigrís del n.°4
- 1 pincel de pelo
  de marta del n.°10
- Cincel

La paleta

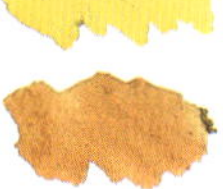
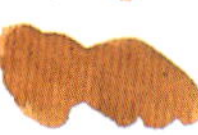
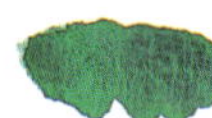

1 **Con una regla y un lápiz**, trace la cuadrícula sin apretar. Después dibuje el contorno del dibujo. Borre en seguida la cuadrícula.

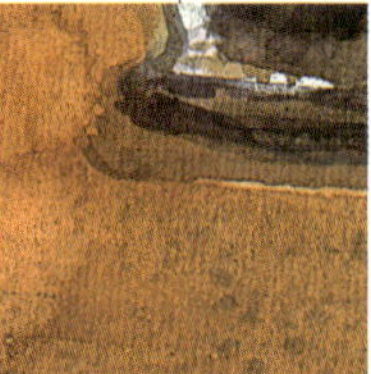

B5

2 **Con un pincel fino**, haga el contorno de las flores y del jarrón en violeta. Después con el mismo color pinte el fondo evitando todo lo que no deba ser violeta.

> Para conseguir un fondo **muy oscuro**, haga varias capas con un pincel bien cargado de color.

3 **Pinte una capa base en amarillo** muy diluido sobre las flores sin preocuparse de su forma.

4 **Con la tierra de Siena**, haga la mesa. Déjela secar y después vuélvala a pintar cortando tierra de Siena con bermellón. Evite el lugar del jarrón.

C8

▶ *Nota:*
Deje una línea de separación entre la mesa y el fondo: los bordes irregulares forman parte del encanto de la acuarela.

> Los puntitos en la mesa se deben a las irregularidades del **papel de granulado grande**.

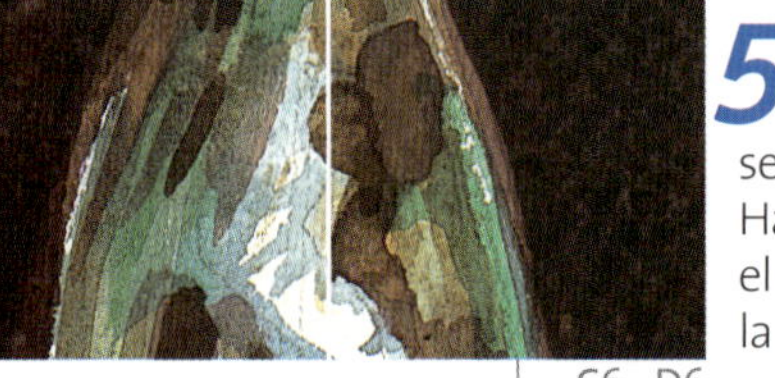

C6 - D6

5 **Para las hojas**, corte el verde con azul, deje secar y luego vuelva a pintar encima. Haga el jarrón con los mismos colores: realice el reservado del blanco en el centro que dará la impresión de volumen.

6 **Ponga goma de cubrir** en los pétalos. Déjelo secar, después pase por encima ultramar muy diluido.

7 **Deje secar**, después retire la goma frotándola con el dedo y el color de debajo vuelve a aparecer.

El papel
Existen tres tipos de papel que corresponden a tres texturas diferentes: el papel de granulado fino, prensado en caliente; el papel de granulado medio o semirrugoso, prensado en frío, y el papel de granulado grande o rugoso. Respecto al peso, por encima de los 280 g/m² el papel no se comba bajo el efecto de la humedad, mientras que si trabaja con un papel sobre los 200 g/m², se necesita tensarlo (cf. p. 5).

Ley del contraste
Un cuadrado negro sobre un fondo blanco parecerá menor que un cuadrado blanco, de la misma dimensión, sobre fondo negro.

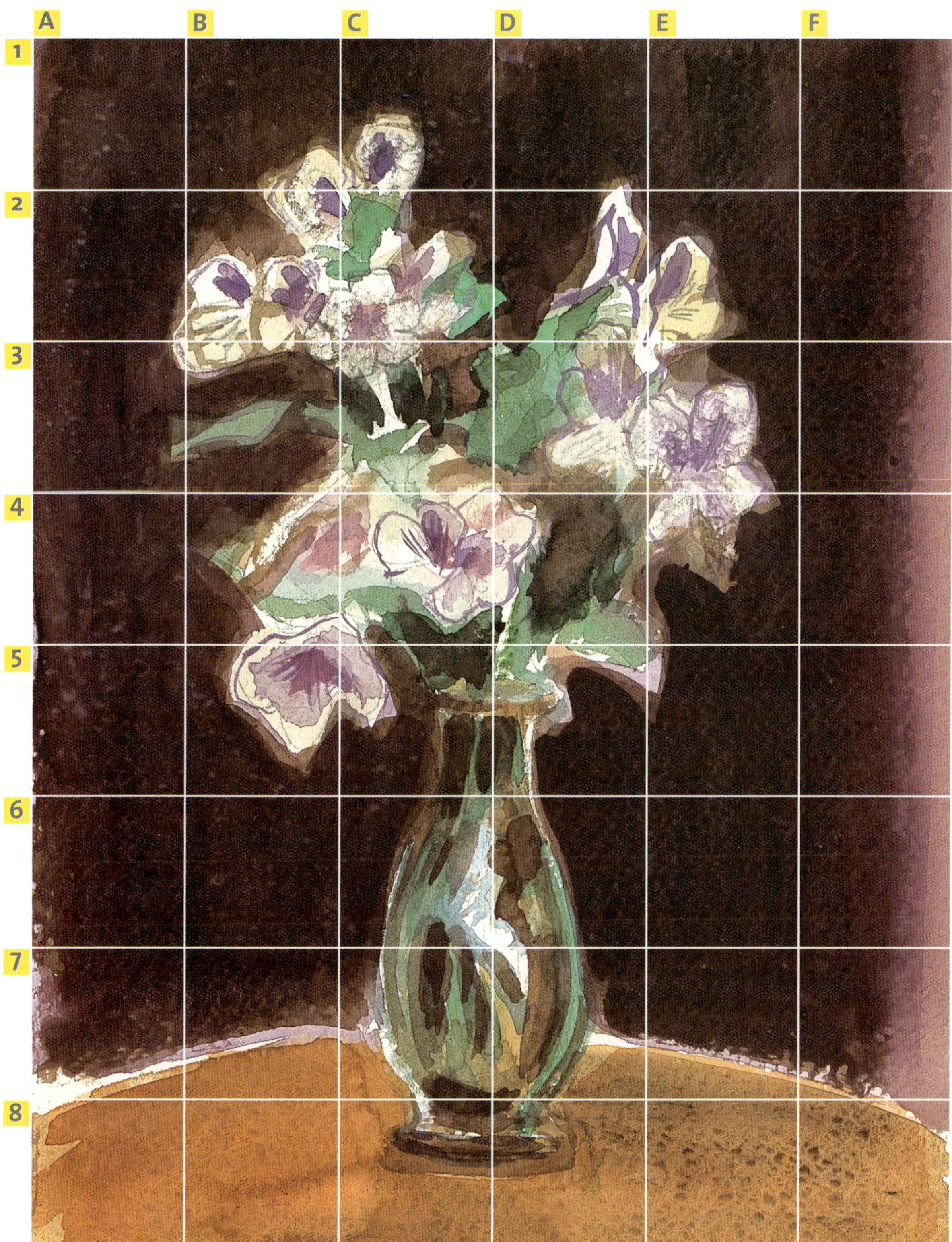

Édouard Manet
Carta a Isabelle Lemonnier

La acuarela es ideal para decorar una carta y hablar el lenguaje de las flores, propio de los enamorados...

Material
- Papel especial
  para acuarela de 300 g/m^2
- Regla
- Lápiz HB

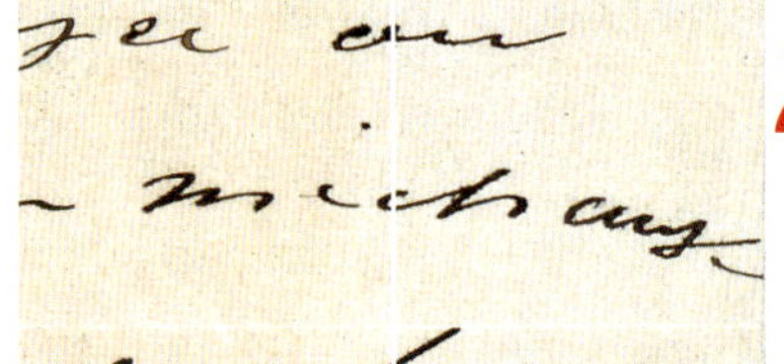

- Goma
- 1 pluma para dibujar
- Tinta sepia
- Esponja
- Secante
- 2 vasos de agua
- Trapos

Los pinceles
- 1 pincel petigrís
  del n.°4
- 1 pincel de pelo
  de marta del n.°10
- Cincel

La paleta

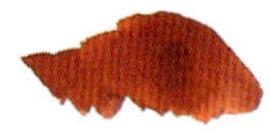
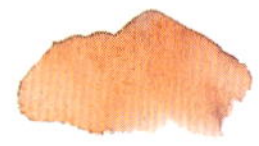
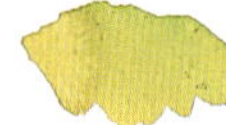
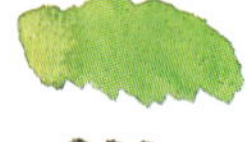
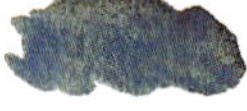

1 **Con una regla y un lápiz**, trace la cuadrícula sin apretar. Después dibuje el contorno de las flores. Borre en seguida la cuadrícula.

Texto de la carta:
«Bellevue, Decididamente usted no me consiente, o bien está muy ocupada, o es usted muy mala persona; sin embargo, no tenemos el valor de desearle ningún mal...»

2 **Vuelva a copiar el texto en lápiz**: escriba con letra grande; el efecto plástico será más fuerte y agradable. Después repáselo con la pluma de dibujar y la tinta sepia. No dude en reemplazar el texto por un poema de su gusto o un texto más íntimo.

D4 - E4

3 **Pinte cada pétalo de la rosa** con un carmín cortado de bermellón. Deje secar y después reálcelo con carmín (C1).

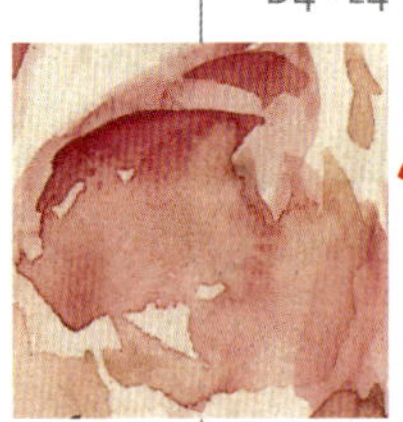

▶ *Nota:*
aquí aún, la puesta en color de la rosa juega con los reservados: el blanco del papel crea los efectos de la luz.

C2

4 **Con laca amarilla** cortada de verde, pinte las hojas amarillas: ponga pequeñas pinceladas, las unas al lado de las otras, en papel seco.

D7

5 **En verde cortado con laca amarilla**, haga el tallo de la rosa y las otras pinceladas verdes.

B3 - B4

6 **Sombree con verde cortado** de bermellón.

Los criterios subjetivos del color
Por lo que respecta a los colores, los efectos de intensidad, de saturación, de luz y de brillo son percibidos de forma distinta según los individuos y según el estado de espíritu del momento.

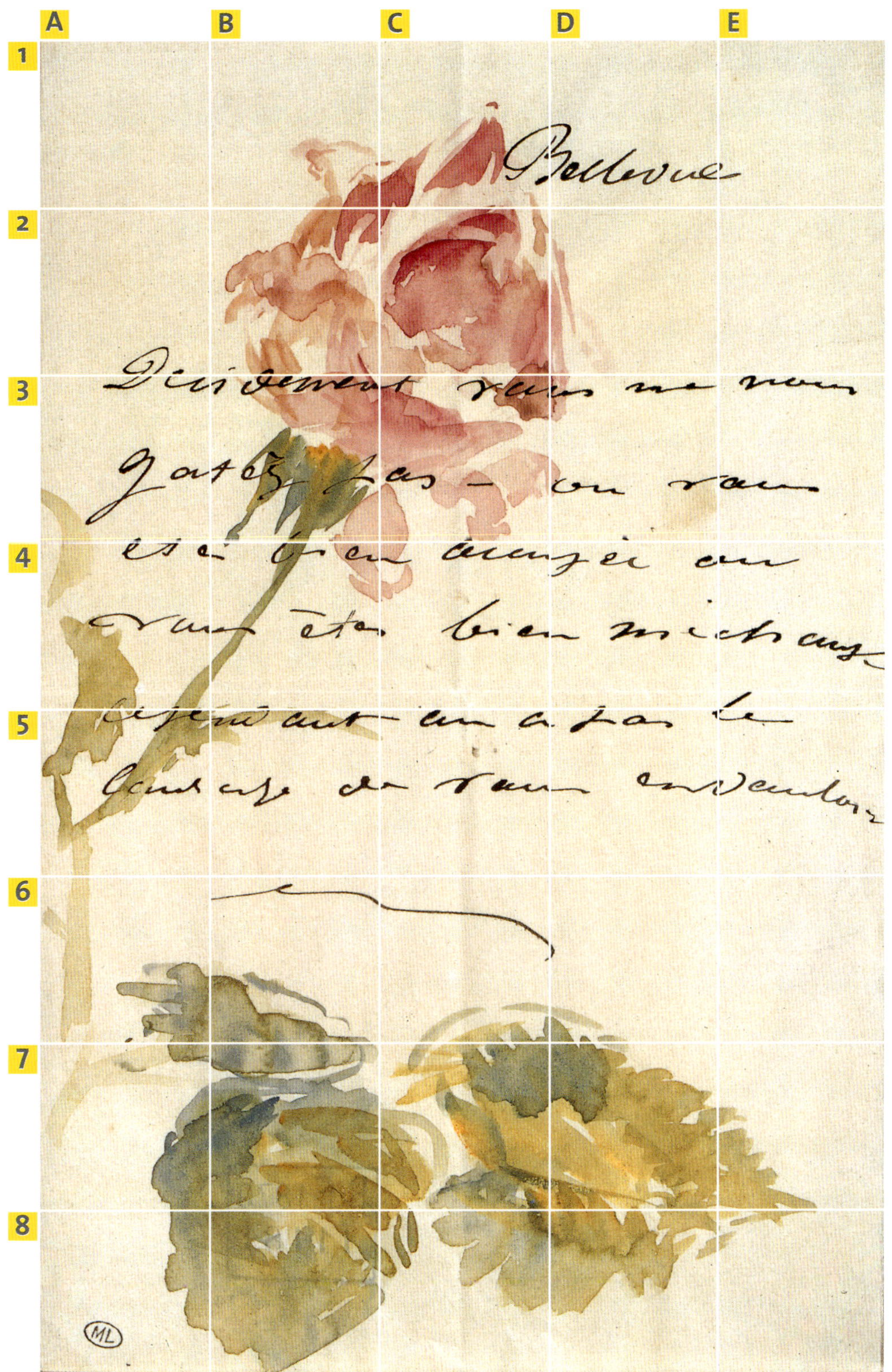

Bellevue

a partir de **Pierre-Auguste Renoir**
Retrato de Victor Choquet (hacia 1876)

Retrato de hombre

El objetivo de este ejercicio es enseñarle las reglas fundamentales del retrato permitiéndole así realizarlo: a usted le tocará aplicarlas a su modelo.

Material

- Papel especial para acuarela de 300 g/m²
- Regla
- Lápiz HB
- Goma
- Esponja
- Secante
- 2 vasos de agua
- Trapos

Los pinceles

- 1 pincel petigrís del n.°4
- 1 pincel de pelo de marta del n.°10
- Cincel

El color de la piel

- **Blanca y rosada:** bermellón cortado con carmín muy diluido. Sombra: pizca de azul muy diluida.

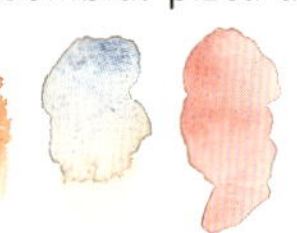

- **Mate:** carmín y amarillo pálido u ocre amarillo. Sombra: verde muy diluido.

- **Negro:** tierra de Siena y ultramar. Sombra: violeta.

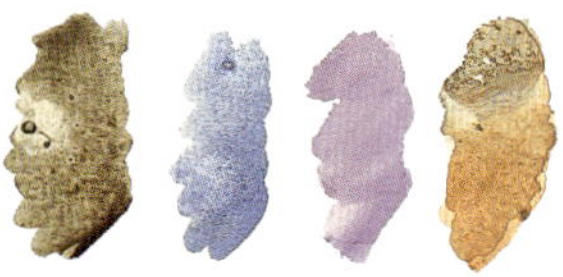

- **Amarillo:** amarillo limón y ocre claro con una pizca de naranja. Sombra: verde muy diluido.

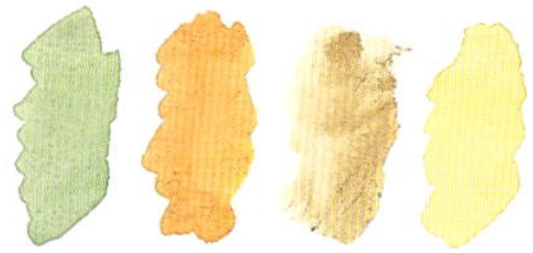

D3

1 Los ojos

- Trace el contorno de los ojos con la punta del pincel en tierra de Siena u ocre amarillo: respete su forma más o menos redonda o alargada.

> **La regla básica llamada de los «tres ojos»:** el espacio entre los dos ojos tiene que ser equivalente a la anchura de un ojo.

- Dibuje las cejas con un pincel cargado de tierra de Siena diluida.
- Sitúe el pliegue de los párpados con tierra de Siena.
- Pinte las pupilas con tierra de sombra.

▸ *Nota:*
El elemento más importante en la mirada es el pliegue del párpado entre el ojo y la ceja.

> **¡Atención!** No dibuje nada debajo de los ojos a menos que quiera resaltar arrugas u ojeras.

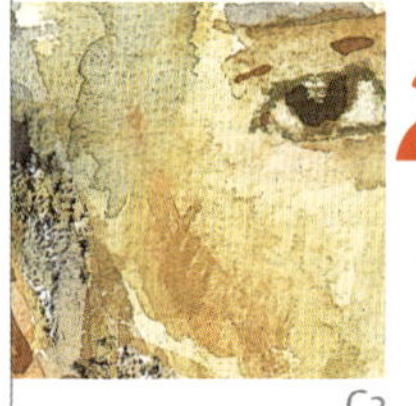

C3

2 Las mejillas: las de los niños pueden estar suavemente realzadas de bermellón.

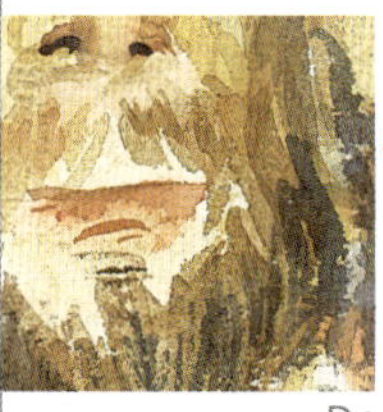

D4

3 La boca: hágala con una mezcla de carmín y de tierra de Siena. Evite el bermellón, que da impresión de maquillaje.

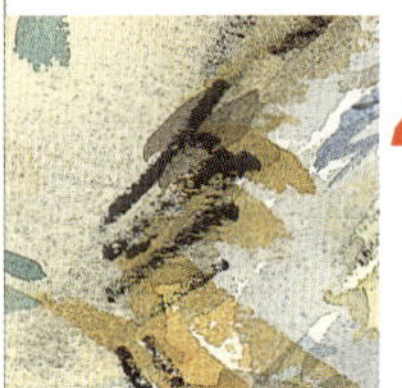

B2

4 El color del cabello:

- **negro:** carmín cortado de ultramar;
- **pelirrojo:** tierra de Siena cortada de bermellón;
- **castaño claro:** tierra de Siena;
- **rubio:** amarillo limón y laca amarilla con reflejos ocre claro.

5 El tamaño de las orejas:
haga salir la parte superior de la oreja, o de las orejas según la posición de la cabeza, del nivel del pliegue del párpado y hágala descender hasta la base de la nariz.

> **Cómo trabajar a partir de una foto**
> - Fotocopie en color su foto en formato A4 o bien imprima su foto en una hoja A4.
> - Ponga carboncillo en el dorso de la fotocopia.
> - Ponga la fotocopia sobre el papel acuarela.
> - Calque repasando con un lápiz los rasgos de la cara: respete, sobre todo, la forma y el tamaño de los ojos.

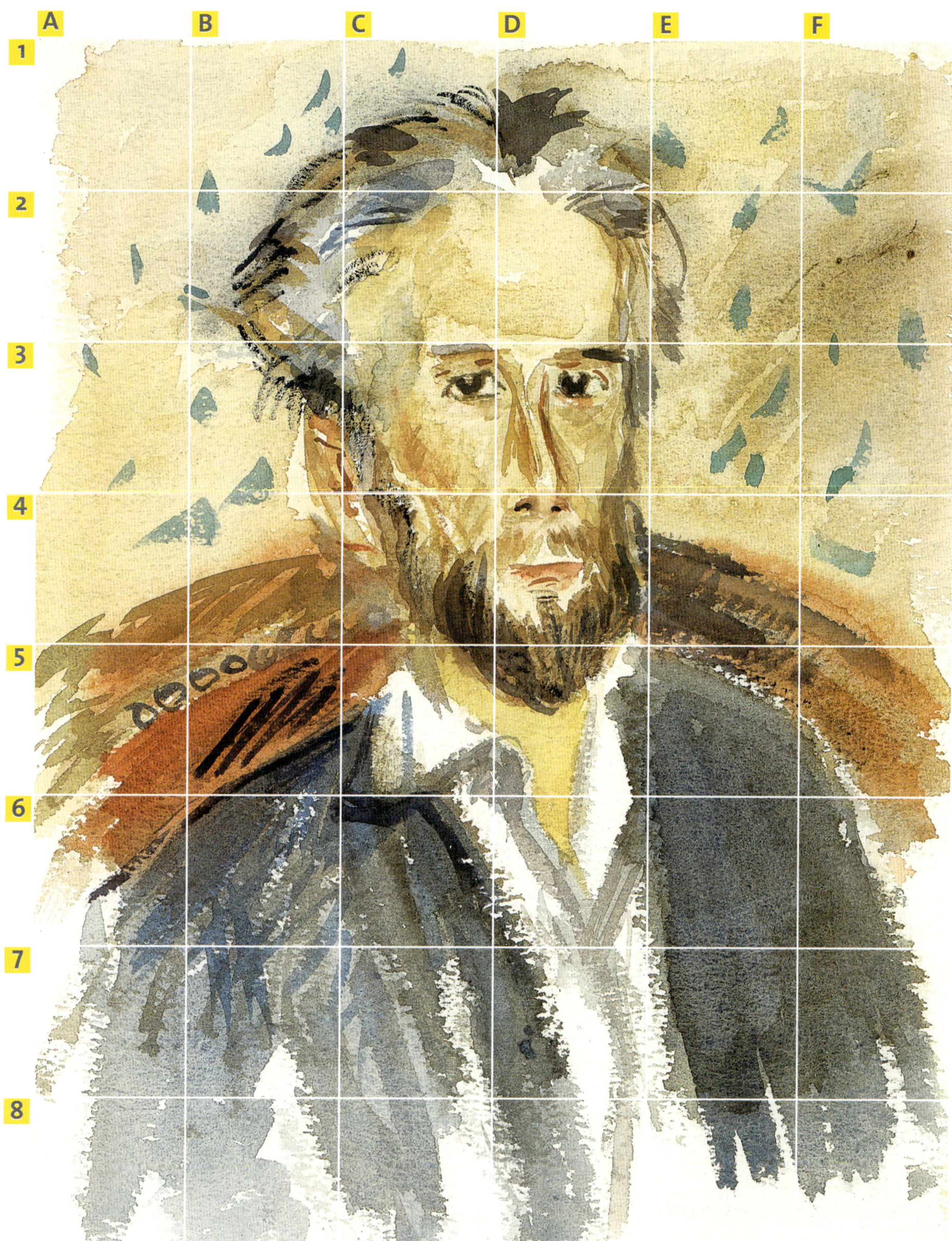

A B C D E F
1
2
3
4
5
6
7
8

Retrato oficial

Este cuadro se inspira en una obra de un gran maestro español del retrato.

Material

- Papel especial para acuarela de 300 g/m²
- Regla
- Lápiz HB
- Goma
- Esponja
- Secante
- 2 vasos de agua
- Trapos

Los pinceles

- 1 pincel petigrís del n.°4 y uno del n.°10
- Cincel

La paleta

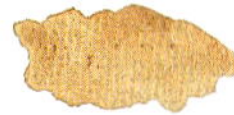
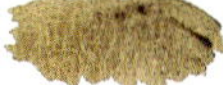
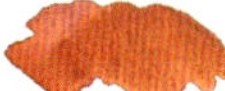

1 **Con una regla y un lápiz**, trace la cuadrícula sin apretar. Después dibuje los contornos del dibujo. Borre en seguida la cuadrícula.

2 **Repase los contornos del dibujo** con acuarela en tierra de Siena: hágalo con la punta del pincel. Después pinte el fondo con el mismo color, procurando no pintar el personaje.

> Si el color que ha conseguido hacer no es suficientemente intenso, espere a que el lavado esté seco y vuelva a pintar con el mismo color.

E5

3 **Pinte la cara** con tierra de Siena muy diluida y el pincel bien cargado de color.

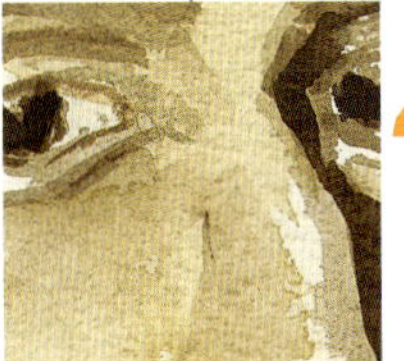

4 **Con tierra de sombra**, pinte los ojos con la punta del pincel: respete la forma.

D4

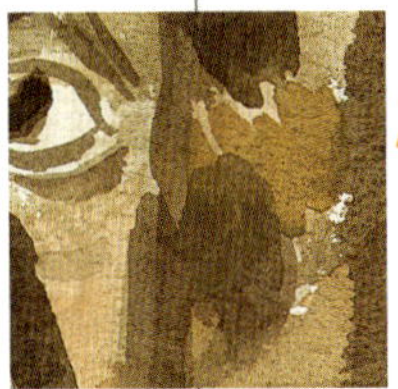

5 **La nariz:** deje el reservado blanco sobre la arista para la luz, y para la sombra, reproduzca la forma que se proyecta en la mejilla (E4 y E5).

E5

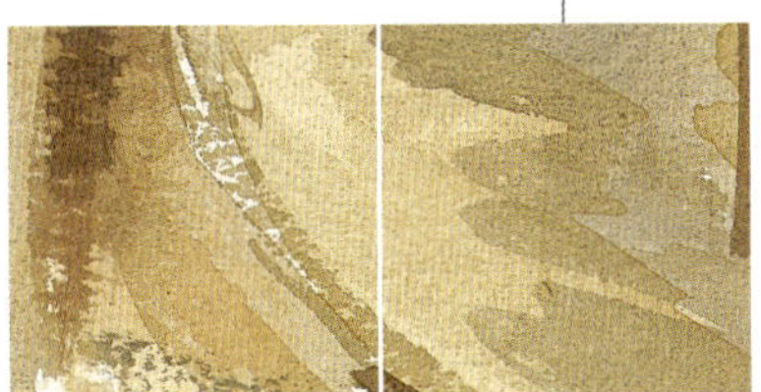

6 **Pinte el cuello** con un líquido de tierra de Siena muy diluido. Déjelo secar, después realce con tierra de sombra diluida en la izquierda y más oscura a la derecha.

B6

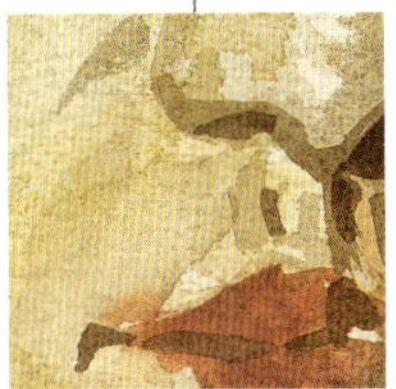

7 **Realce su dibujo** con rojo carmín: haga tanto los labios como el vestido, de forma enérgica.

D5

El lavado

Es una técnica de la acuarela monocromática o bicromática. Se aplica con superposiciones progresivas, capas de pintura más o menos diluidas. Los colores más usados son sepia o sanguina. Esta técnica permite situar la luz y hacerla circular: es el claroscuro.

Regla de la sombra y de la luz

La luz va siempre de izquierda a derecha y de arriba abajo, como en el sentido de la lectura. Las sombras que pueden estar más o menos marcadas, se encuentran sistemáticamente a la derecha. Esta regla tiene que ser respetada a la fuerza.

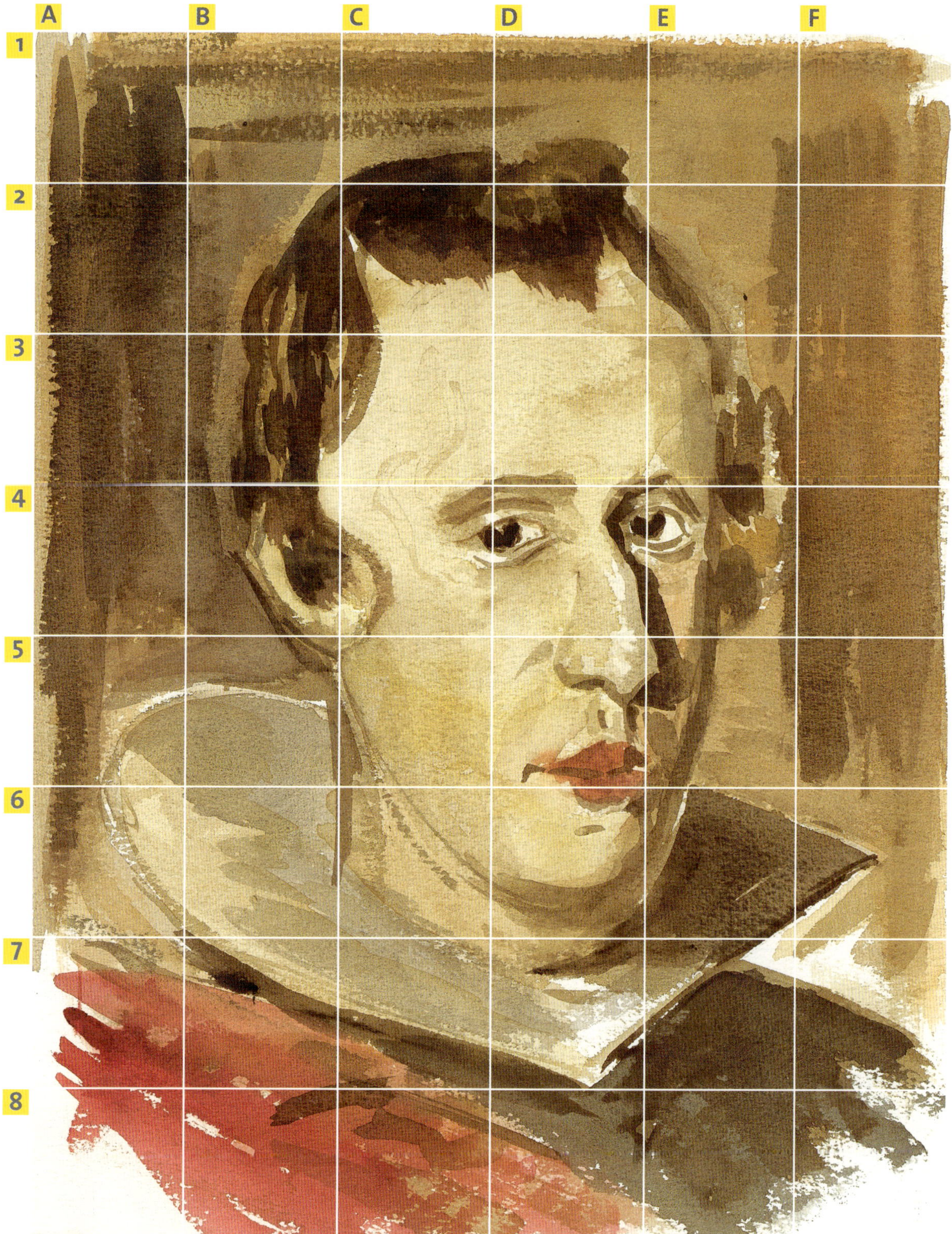
A B C D E F
1
2
3
4
5
6
7
8

a partir de **Pierre-Auguste Renoir**
Cabezas de niños

Caras de niños

La expresión de las caras de los niños cambia continuamente.
Las fotos captan los rasgos en posturas demasiado
caricaturizadas; intente tomar notas deprisa de sus
expresiones mientras están jugando.

Material
- Papel especial para acuarela de 300 g/m²
- Regla
- Lápiz HB
- Goma
- Esponja
- Secante
- 2 vasos de agua
- Trapos
- Tinta de china
- Pluma de dibujar

Los pinceles
- 1 pincel petigrís del n.°4
- 1 pincel de pelo de marta del n.°10
- Cincel

La paleta

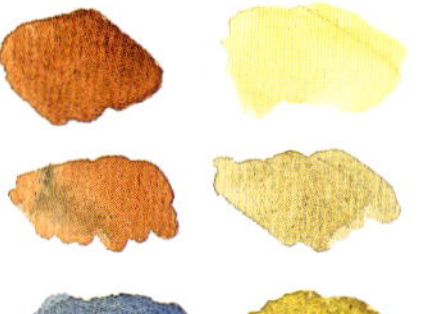

1 **Con una regla y un lápiz**, trace la cuadrícula
sin apretar. Después dibuje el contorno de los
niños. Borre en seguida la cuadrícula.

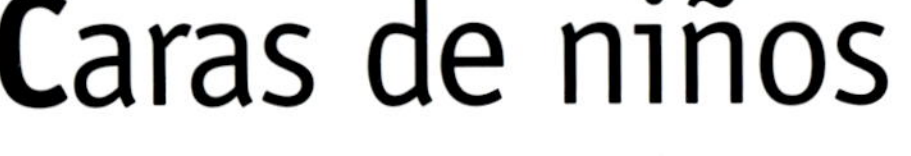

A2

2 **Pinte el fondo en papel seco** con la
punta del pincel: ponga toques en laca
amarilla, ocre amarillo y amarillo limón,
los unos después de los otros y unos al
lado de otros.

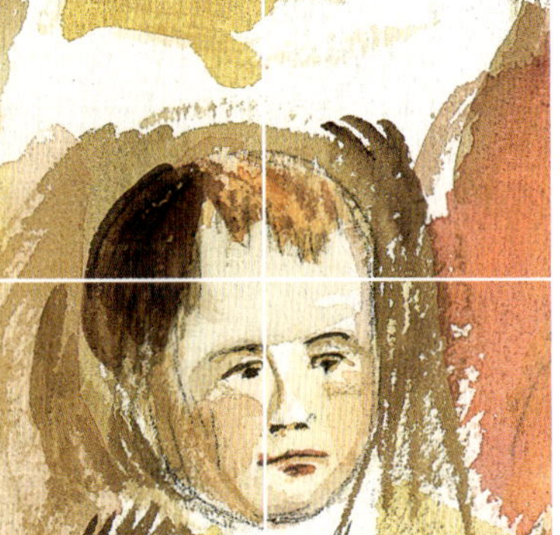

B4 - B5 C4 - C5

3 **Con ocre muy diluido**,
haga la cara de los niños.
Deje secar, después realce sus
mejillas con un bermellón
muy ligero (cf. p. 24).

D3

4 **Pinte el cabello** en tierra de Siena: haga
mezclas más o menos intensas, según los niños.
Para hacer reflejos o mechas, deje
transparentarse en algún lugar el blanco del
papel (D1). Para sombrear, déjelo secar y
después vuelva a pintar en un color más
intenso (F2).

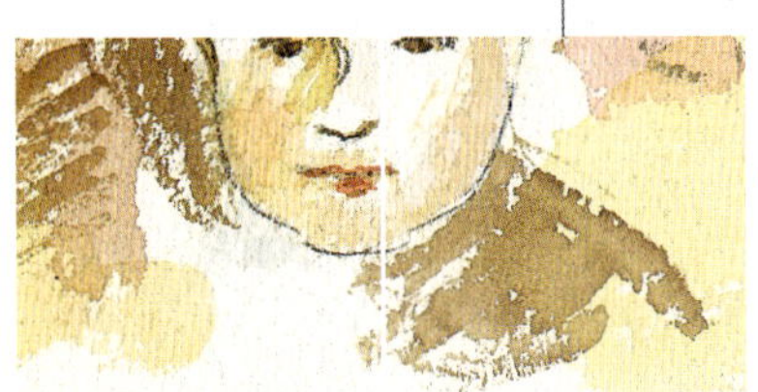

D6 - E6

5 **Pronuncie la sombra de la nariz** y el arco
de las cejas de cada cara con tierra de Siena.

Para hacer trazos finos, utilice
un pincel fino, trabaje en papel seco
y no ponga mucha agua.

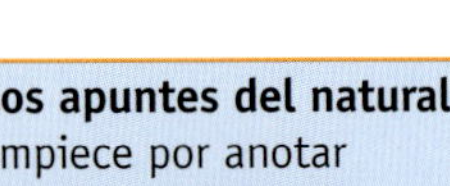

Los apuntes del natural
Empiece por anotar
deprisa, en lápiz, la
forma general de las
caras y del cuerpo.
No pretenda ser muy
preciso, tomar apuntes
no es un apunte
científico, tiene que
transmitir el ambiente
general, el sentimiento
de la vida.

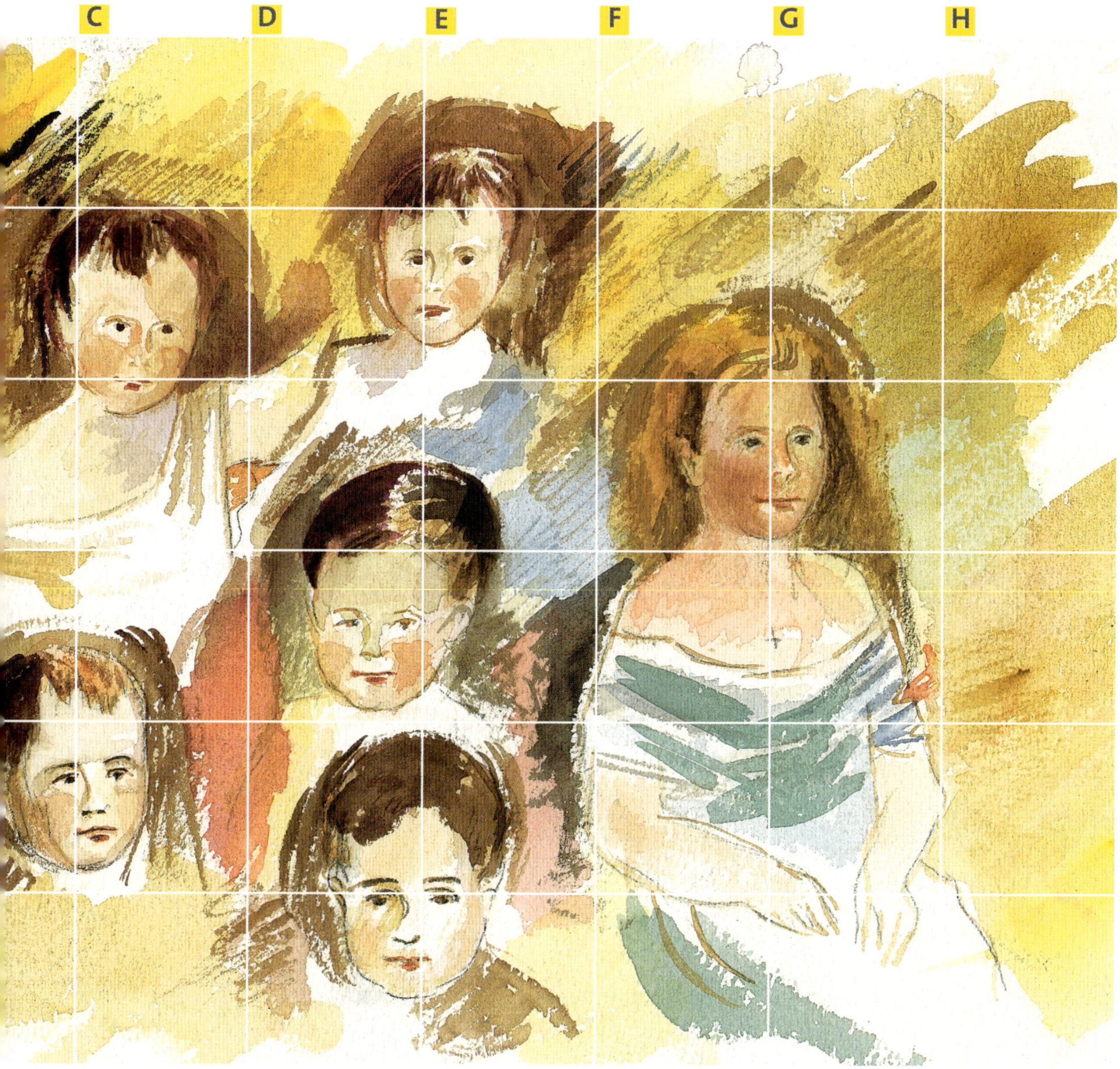

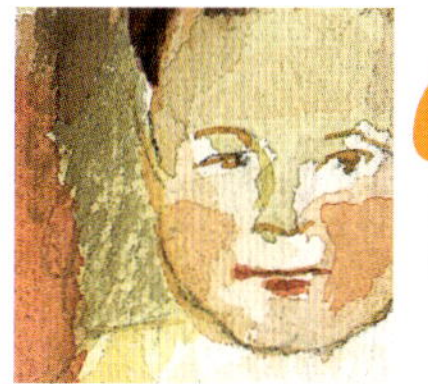

6 **Pinte los labios** con un pincel muy fino: mézcle el carmín y el bermellón.

D4

7 **Realce el fondo** con tierra de Siena para hacer la sombra detrás de los niños.

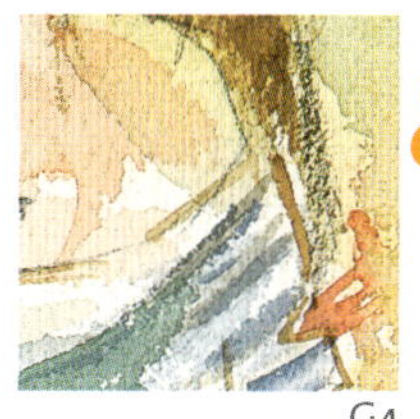

8 **Haga las sombras** y los pliegues de la ropa blanca con una pizca de ultramar.

G4

▶ *Consejo*
No obligue a los niños a posar. A ellos no les gusta. Dibújeles siempre jugando y cuando estén en movimiento.

Retrato de mujer

Para estructurar una acuarela, podemos usar un trazo en lápiz
pero también, a la manera de Toulouse-Lautrec, usar un trazo azul.

Material

- Papel especial para acuarela
  de 300 g/m²
- Regla
- Lápiz HB
- Goma
- Esponja
- Secante
- 2 vasos de agua
- Trapos

Los pinceles

- 1 pincel petigrís del n.°4
- 1 pincel de pelo
  de marta del n.°10
- Cincel

La paleta

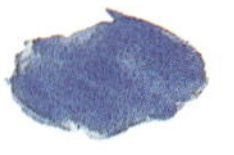

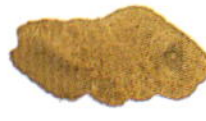
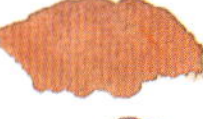
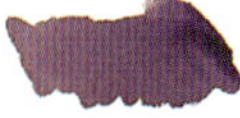

1 **Con una regla y un lápiz**, trace la cuadrícula sin apretar. Después dibuje el contorno del dibujo. Borre en seguida la cuadrícula.

2 **En azul de ultramar o de cobalto**, vuelva a dibujar suavemente, con la punta del pincel, el conjunto de la composición sin olvidar ningún detalle: contorno de los ojos, rizos del cabello, cuello, estructura de detrás de la mujer. Pinte el vestido con rayas verticales, después en diagonal. Deje secar.

E8

> Para hacer las sombras espere a que el papel seque y aplique una segunda capa más oscura y menos diluida.

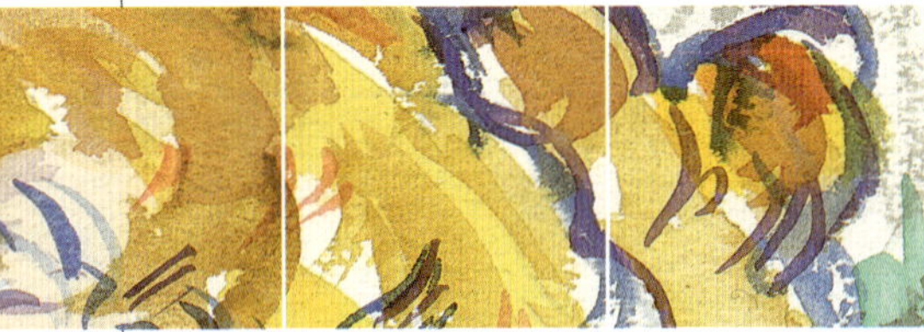

D3 - E3 - F3

3 **Para hacer la cabellera**, mezcle ocre amarillo y laca amarilla haciendo pinceladas en curva.

> No dude en dejar espacio entre las pinceladas: el blanco del papel sugerirá los efectos de luz y de reflejos.

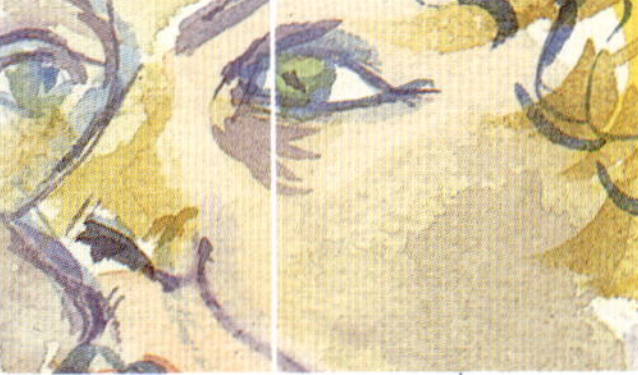

4 **Pinte la piel** en carmín muy diluido con una pizca de violeta. Deje secar. Luego, con un pincel fino, realce bajo los ojos en azul y pronuncie los trazos de la cara en violeta.

C4 - D4

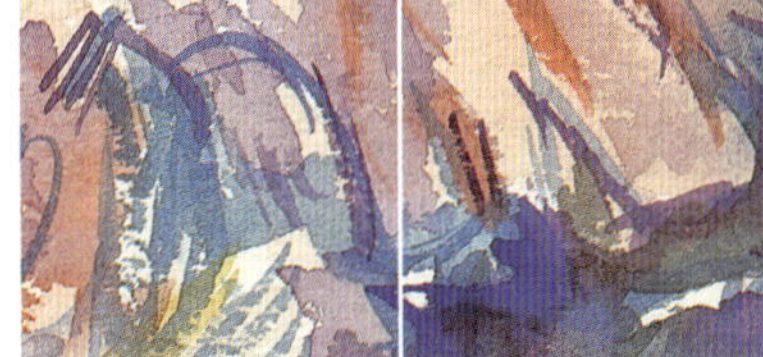

5 **El cuello** está hecho en violeta ligeramente diluido.

D6 - E6

El paso

Se llama *paso* a la transición de una pintura a otra. En la acuarela el paso puede ser difuso, por el efecto de mezcla (cf. p. 89), o limpio en papel seco. Son los pasos los que dan la forma a los contornos y al dibujo en general. Hay que dibujar, no siguiendo la forma de los objetos, sino siguiendo los distintos colores y los pasos de unos a otros: por eso se dice que tenemos que dibujar con el color.

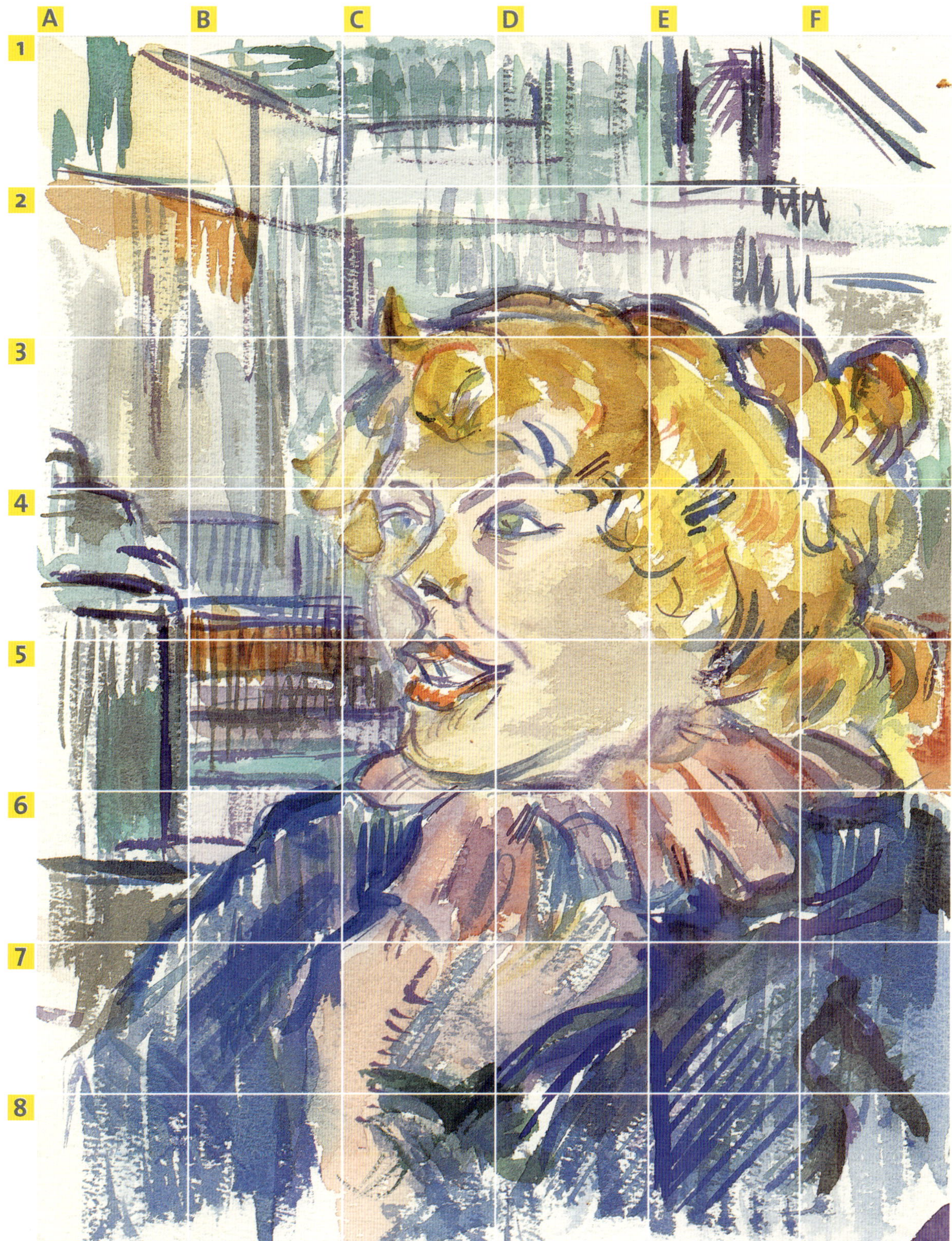

Niña en el jardín

Inspírese en esta adaptación a la acuarela de un óleo de Renoir
para pintar la frescura de una escena infantil.

Material

- Papel especial para acuarela de 300 g/m²
- Regla
- Lápiz HB
- Goma
- Esponja
- Secante
- 2 vasos de agua
- Trapos
- Goma para tapar

Los pinceles

- 1 pincel petigrís del n.°4
- 1 pincel de pelo de marta del n.°10
- Cincel

La paleta

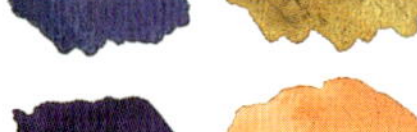
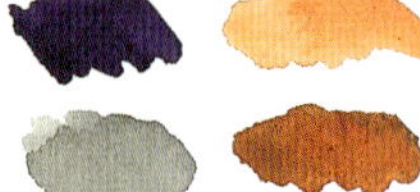

1 **Con una regla y un lápiz**, trace la cuadrícula sin apretar. Después dibuje la composición. Borre en seguida la cuadrícula.

2 **Empiece por el suelo del paseo** haciendo pequeñas manchas en amarillo y ocre.

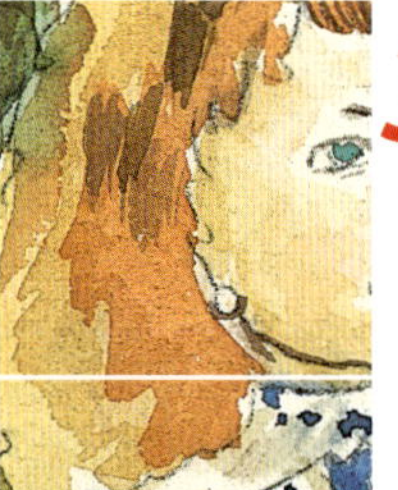

3 **Para conseguir el color rojizo del** cabello, corte el amarillo y el ocre con bermellón.

> Para conseguir **perfiles limpios**, trabaje en papel seco.

C2 - C3

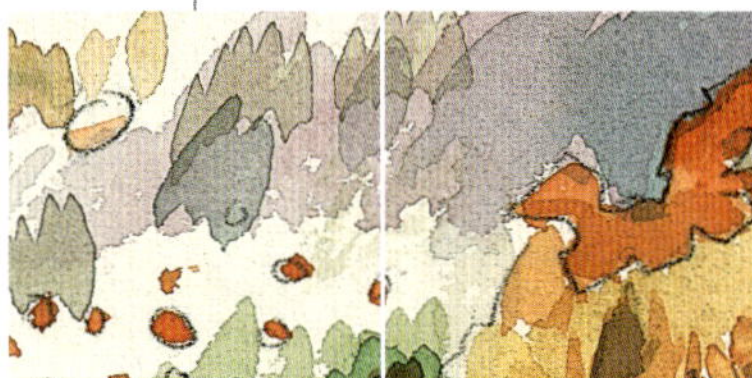

B1 - C1

4 **Haga el lazo** y las flores al fondo del jardín en bermellón.

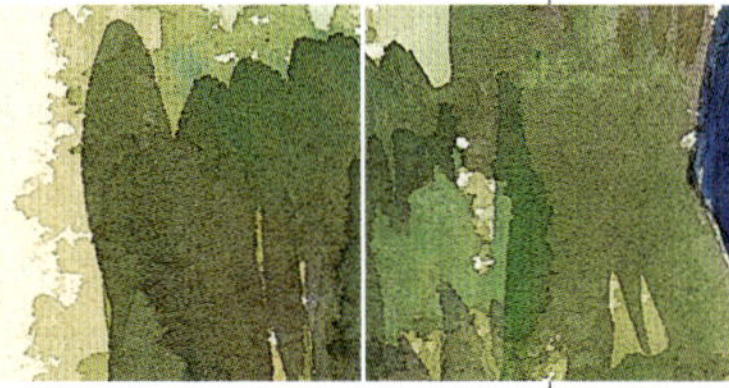

A4 - B4

5 **Con una mezcla de verde** y de ocre amarillo haga pequeñas manchas para representar las briznas de hierba.

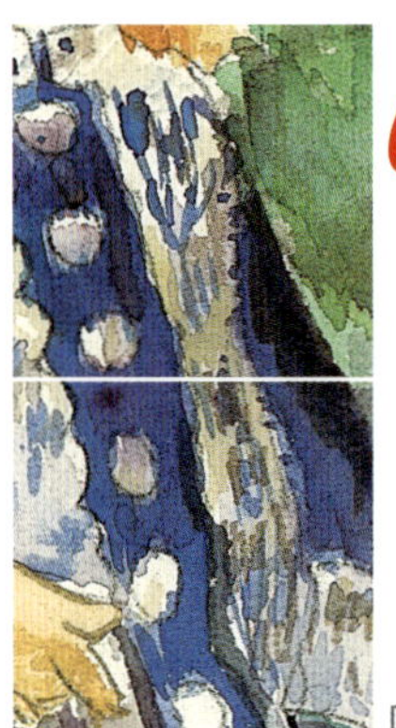

D3 - D4

6 **Para el vestido**, pinte con ultramar mezclado de violeta: haga pequeñas pinceladas en papel seco evitando las partes blancas.

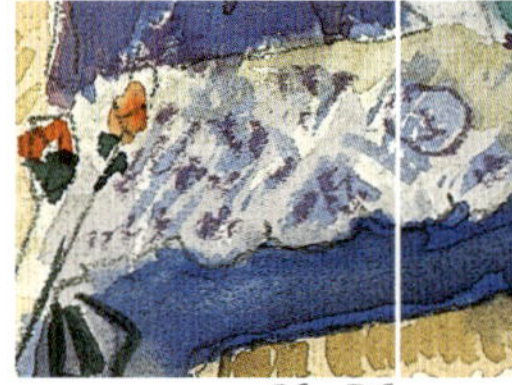

C6 - D6

7 **Para hacer el encaje**: con el pincel cargado de Goma de tapar, haga rodeos en los reservados blancos. En seguida, cuando la goma esté seca, ponga violeta encima. Deje secar, después retire la goma frotando con el dedo.

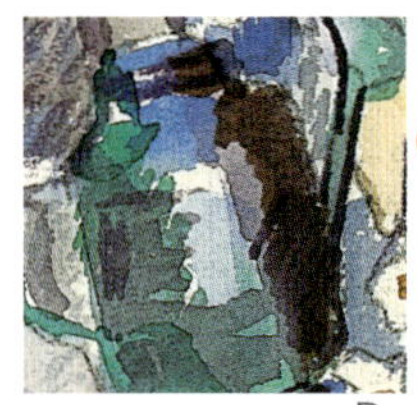

D5

8 **Pinte la regadora en gris**, luego reálcela con verde para la luz y tierra de sombra para la sombra.

> **La goma para tapar**
> Esta goma no sólo se utiliza con el blanco para hacer los reservados, sino que también se puede poner encima de una capa de pintura seca para realizar una veladura o para superponer otro color.

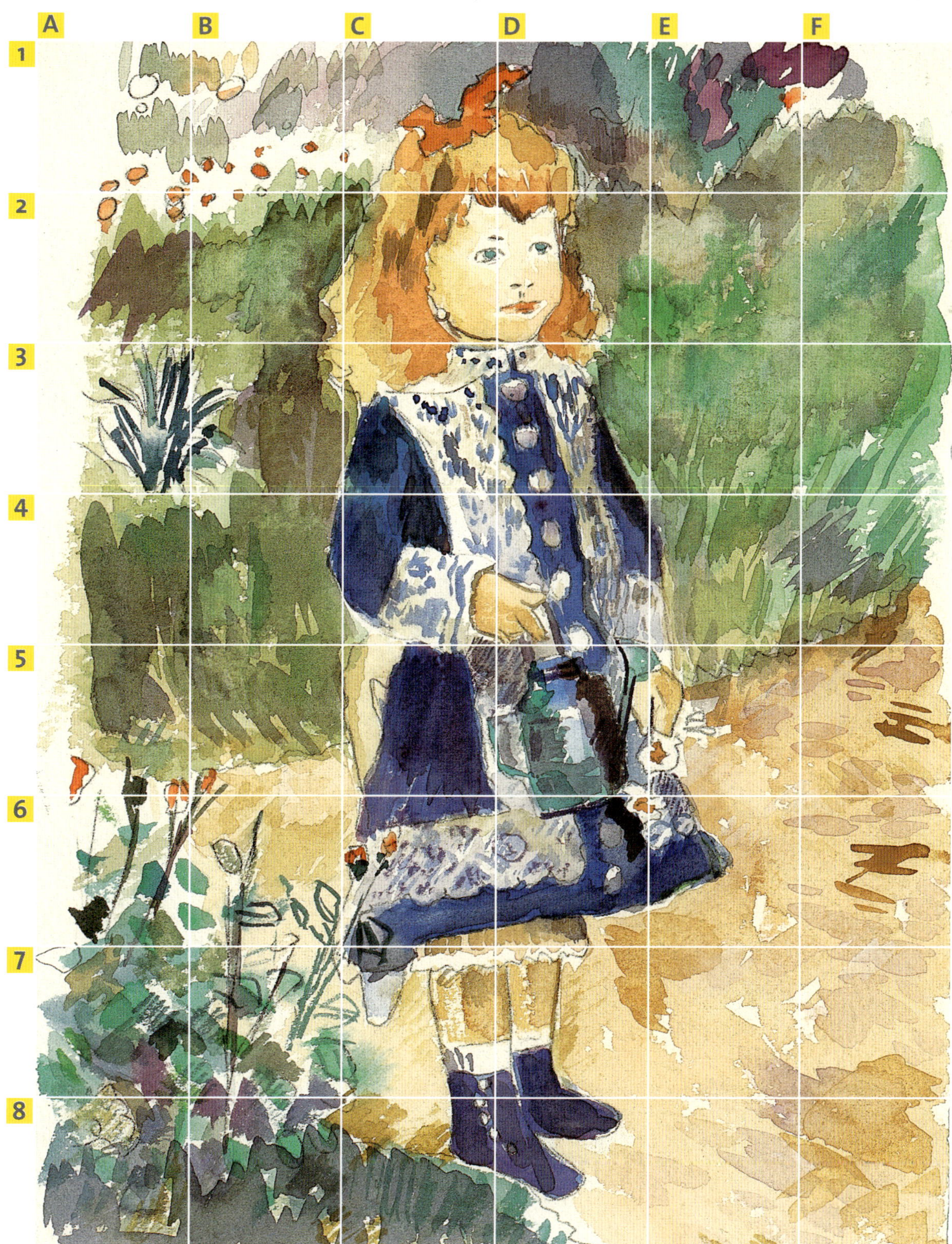

Théodore Géricault
El retrato de Mustafá (1822-24)

Esta acuarela realizada por Géricault es un retrato, sorprendente por su fuerza e intensidad, de un turco.

Material

- Papel especial para acuarela de 300 g/m²
- Regla
- Lápiz HB
- Goma
- Esponja
- Secante
- 2 vasos de agua
- Trapos
- Blanco de China

Los pinceles

- 1 pincel petigrís del n.°4
- 1 pincel de pelo de marta del n.°10
- Cincel

La paleta

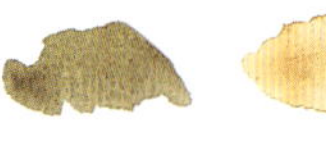
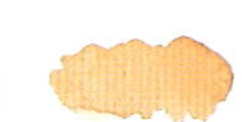
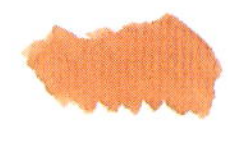
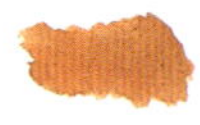
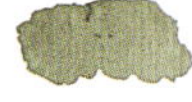

1 **Con una regla y un lápiz**, trace la cuadrícula sin apretar. Después dibuje los contornos del personaje con su turbante y su mostacho. Vuelva a pintar los contornos del dibujo con tierra de sombra. Deje secar. Después borre la cuadrícula.

F2

2 **Con un pincel bastante ancho**, pinte un jugo ocre amarillo por todo el fondo del cuadro. Déjelo secar.

3 **Dé una capa de tierra de Siena** o de ocre amarillo por la cara, evitando con cuidado la barba y los labios.

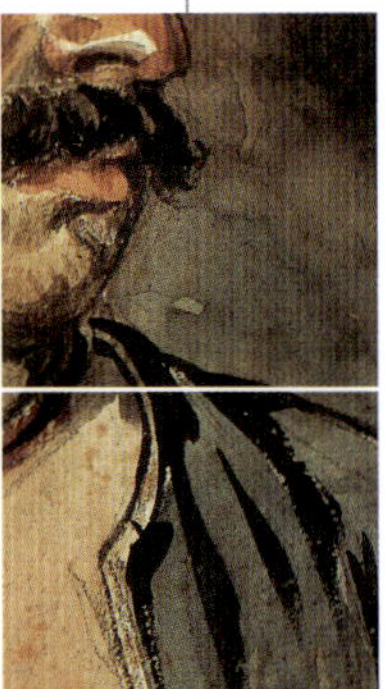

D3 - D4

4 **Pinte los labios** con bermellón cortado con carmín muy diluido. Realice en seguida el ribete rojo alrededor del cuello, así como el de la cintura, con trazos horizontales.

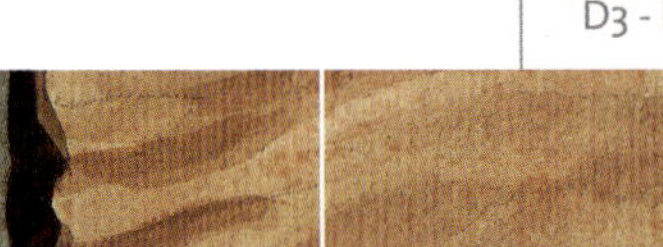

B6 - C6

5 **Realce los pliegues** de la camisa, que habrá dejado en blanco, con un poco de tierra de Siena cortada suavemente de rojo, muy diluido.

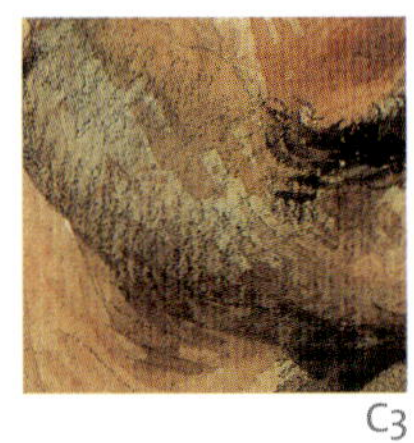

C3

6 **Pinte la chaqueta** en ultramar mezclada con tierra de sombra. Después, con el mismo color, pinte la barba con la punta del pincel. Finalmente, oscurezca la mezcla para sombrear el fondo.

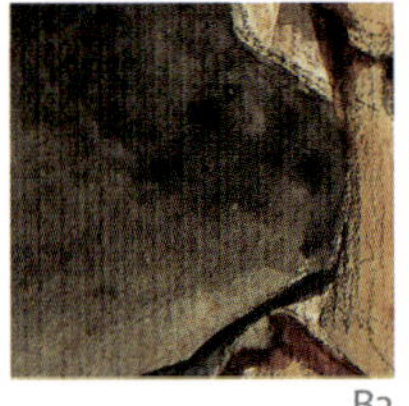

B3

7 **En tierra de sombra oscura**, vuelva a pintar el contorno de la chaqueta y el dibujo de la oreja. Después, pinte el mostacho con la punta de un pincel fino.

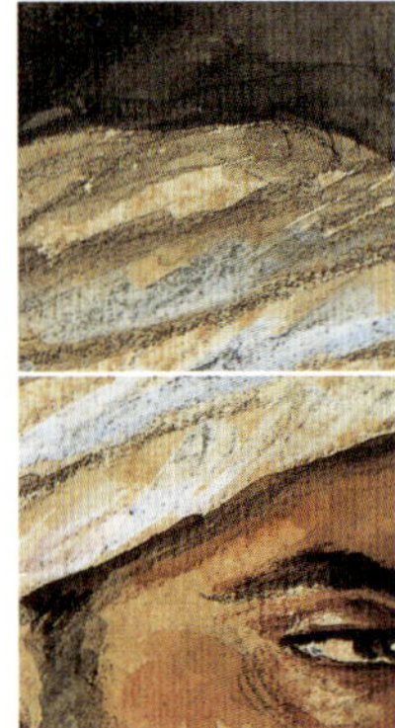

C2 - C3

8 **Para conseguir el drapeado** del turbante, haga unos trazos con la punta del pincel, con una mezcla muy diluida de ultramar y de tierra de sombra. Luego, realce con blanco de China para dar volumen.

Estudio del natural

Las primeras veces que trabaje al natural, busque primero captar el conjunto: escoja temas sencillos con pocos colores distintos. Comience sus estudios con tonos sepia y realce solamente los tonos más destacados, lo que va a ayudarle en la percepción y análisis de los colores.

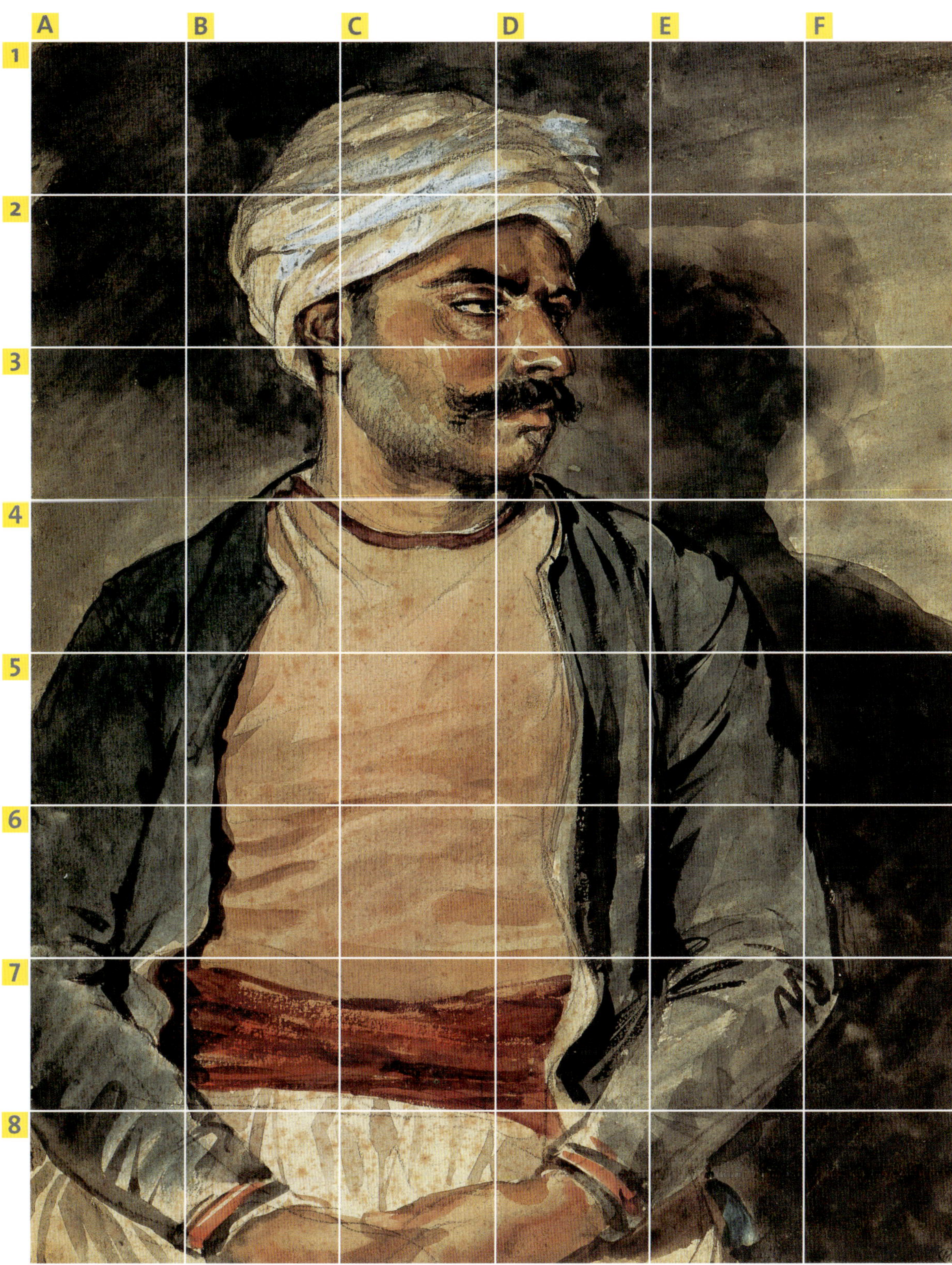

Tamaño real: 300 x 200 mm

Jean Auguste Dominique Ingres
El baño turco (1862) – detalle

Con esta obra maestra de Ingres, nos sumergimos en el universo del baño turco.
Trabaje la sutileza del trazo y de sus colores.

Material

- Papel especial para acuarela de 300 g/m²
- Regla
- Lápiz HB o mina de plomo
- Goma
- Esponja
- Secante
- 2 vasos de agua
- Trapos
- Blanco de China

Los pinceles

- 1 pincel petigrís del n.°4
- 1 pincel de pelo de marta del n.°10
- Cincel

La paleta

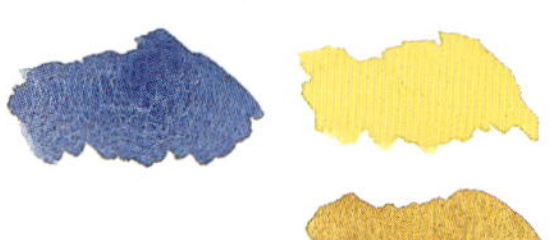
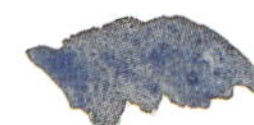
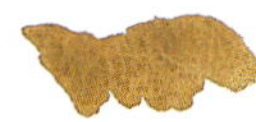
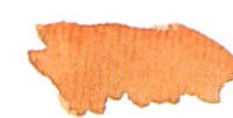

▶*Nota:*
los personajes femeninos del fondo del cuadro están deformados y dan al dibujo de Ingres un aspecto ingenuo y moderno, recordándonos por algunos rasgos a las mujeres de Picasso.

1 **Con una regla y un lápiz**, trace la cuadrícula sin apretar. Después dibuje el contorno de los personajes. Borre en seguida la cuadrícula. Cuanto más precisos sean los detalles de la composición, más fácil será poner el color.

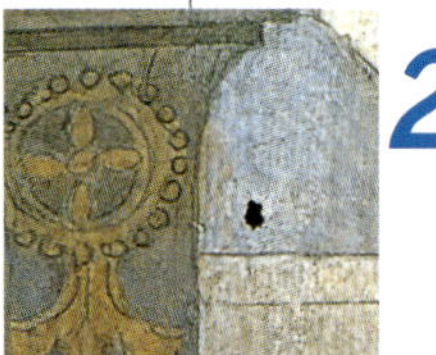

E6

2 **Con el amarillo**, pinte los adornos de la silla.

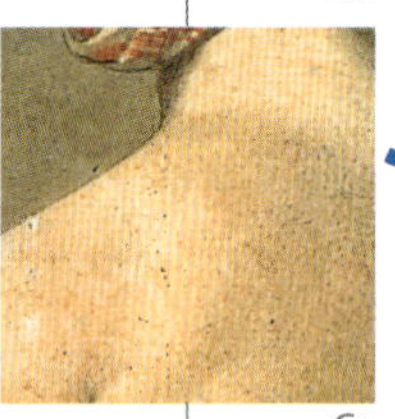

C2

3 **Sitúe la luz en el hombro izquierdo** con una mezcla de amarillo y de ocre amarillo, después pinte en gris hecho con azul y violeta diluido para hacer la espalda: para difuminar la pintura, frote con el dedo.

> Si encuentra que los colores son demasiado fuertes, demasiado violentos, deje secar y pase encima un poco de alcohol (ginebra, güisqui). Retire el excedente de color con un pincel seco, y vuelva a pintar enseguida con un poco de ocre muy diluido en agua.

4 **Pinte el fondo** con el mismo ocre amarillo. Repase por encima las rayas diagonales con lápiz negro o con la mina de plomo.

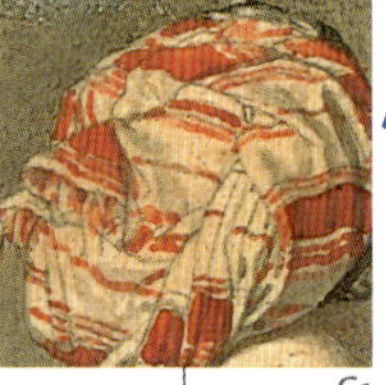

C1

5 **El turbante está hecho de rojo bermellón**: para ayudarle a dejar las partes blancas, utilice la Goma de tapar.

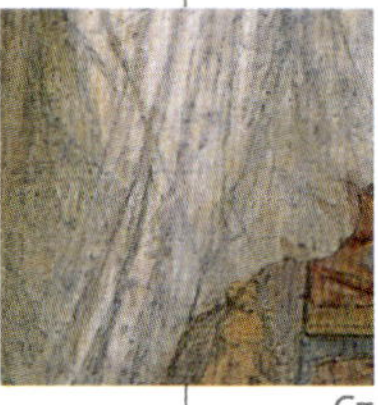

C7

6 **Pinte el drapeado en ultramar muy suave**, realzado con blanco de China. Después pinte la banqueta evitando los adornos amarillos, y la pileta: realce los bordes con blanco de China. Repase con la mina de plomo los contornos del desnudo y juegue con el agua, hasta encontrar la fórmula correcta: el trazo que la compone se diluye y se mezcla con la tinta de la piel.

La frase del pintor:
«Dibujar con la ligereza de la mosca que deambula en el vidrio».

La mina de plomo
Es un lápiz negro sin la madera que lo envuelve.
Su diámetro es mayor que el de la mina del lápiz. Las dos minas están compuestas de la misma materia (carbono, grafito) y las denominaciones de origen son idénticas: H significa hard (seco) y B black (negro); cuanto más negras son las minas, más aumentan los números: 2B, 4B, etcétera.

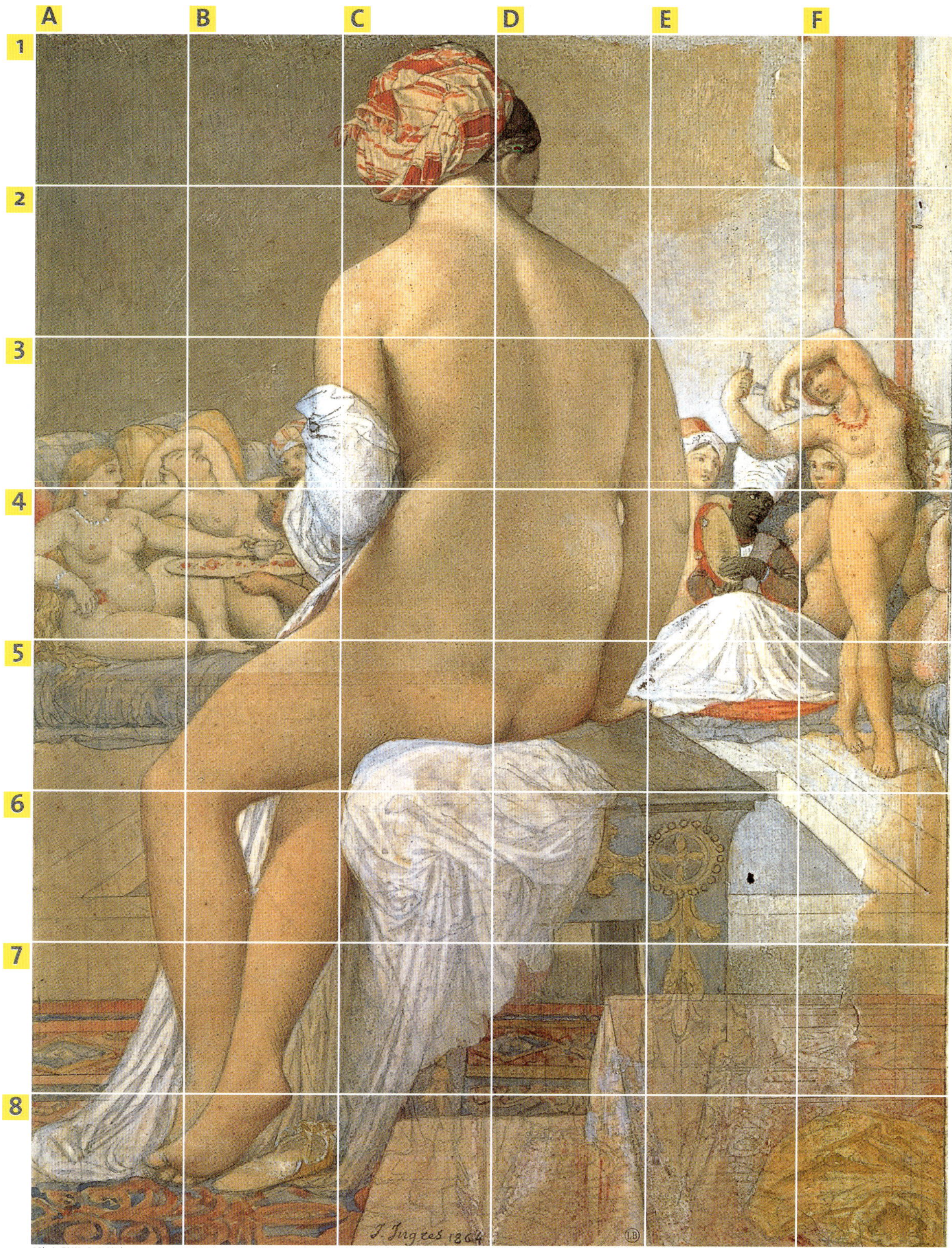

Tamaño real: 108 cm de diámetro

a partir de **Henri de Toulouse-Lautrec**
Mujer que se pone la media (1894)

Boceto de desnudo

Aquí terminaremos de aprender a pintar personas a la acuarela,
con esta obra y el uso de los reservados para crear la palidez de la piel.

Material

- Papel especial para acuarela de 300 g/m²
- Regla
- Lápiz HB
- Goma
- Esponja
- Secante
- 2 vasos de agua
- Trapos
- Goma de tapar

Los pinceles

- 1 pincel petigrís del n.°4
- 1 pincel de pelo de marta del n.°10
- Cincel

La paleta

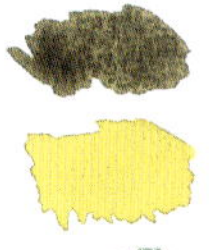
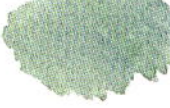

1 **Con una regla y un lápiz** trace la cuadrícula sin apretar. Después haga la composición. Vuelva a trazar el contorno del dibujo con tierra de sombra. Déjelo secar y borre la cuadrícula.

2 **Pinte el fondo en amarillo limón** muy diluido, dejando que la pintura se mezcle con el papel. No dude en volver a poner más color en las manchas húmedas.

F1

3 **Pinte las medias y el chándal** con un verde cortado de azul muy diluido: haga unas pinceladas dejando el blanco del papel aparecer entre medio de ellas.

C6

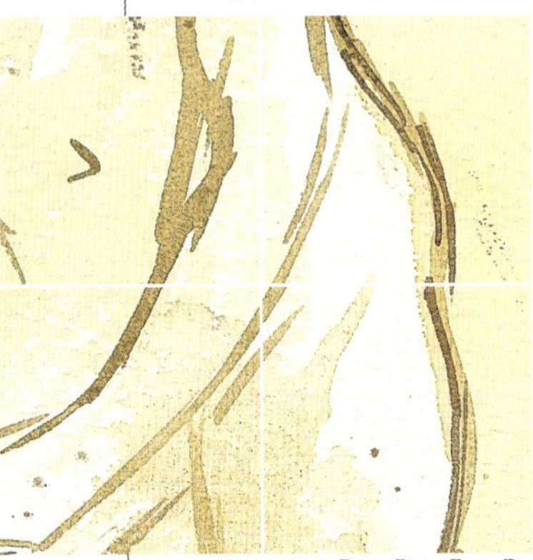

4 **Utilice la transparencia** de los tonos de la acuarela, para encontrar la palidez de la piel (cf. p. 36).

Nota:
si el color del cuerpo se obtiene con una pintura muy diluida, muy transparente, la de la cara es de hecho un reservado: es el blanco del papel el que da mejor la palidez de la piel.

D5 - D5 - E4 - E5

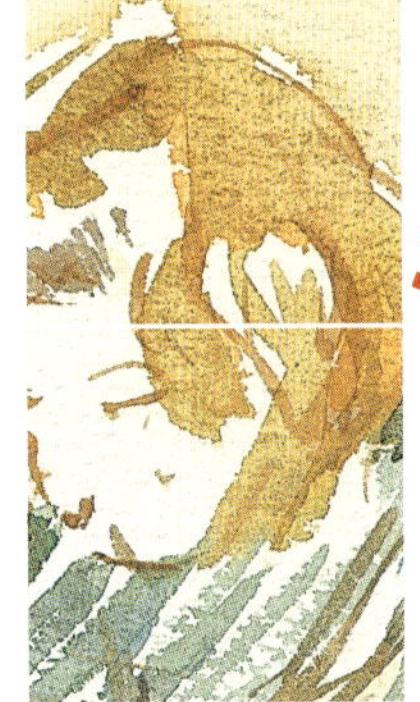

5 **La cabellera pelirroja** se consigue con un amarillo cortado de rojo: ponga el color con una simple mancha.

C1 - C2

La aguada y la acuarela

La aguada (gouache) es una pintura al agua opaca. Se puede usar como la acuarela, pero es menos luminosa. Para hacer que sea translúcida y aproximar su textura a la de la acuarela, se mezcla con acetona.

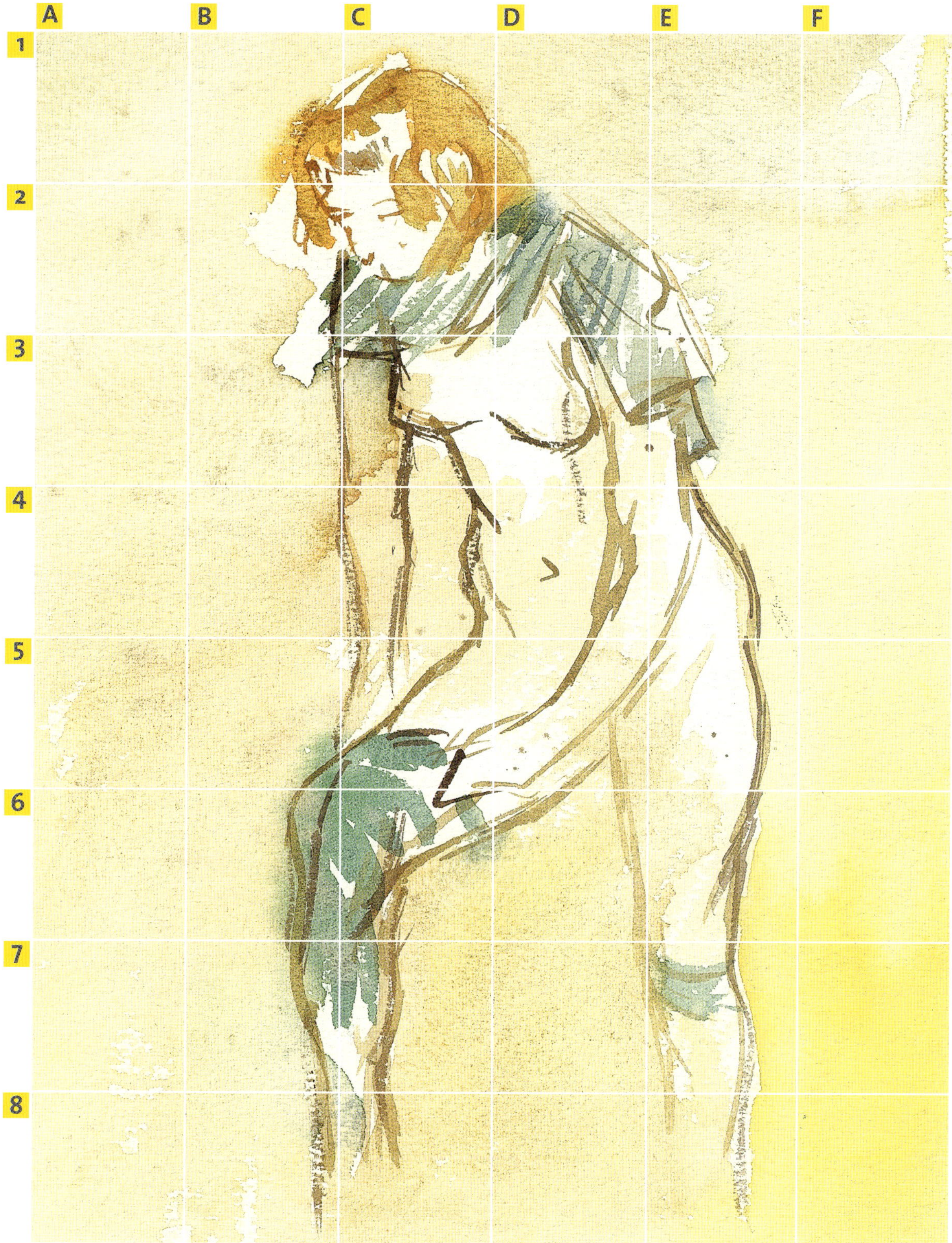

A
B
C
D
E
F
1
2
3
4
5
6
7
8

a partir de **Vincent van Gogh**
La habitación de Van Gogh en Arles (1889)

Pintar su habitación

Después de un viaje, tal vez le gustará pintar sus recuerdos y
especialmente su habitación: inspírese en la del gran maestro.

Material

- Papel especial para
  acuarela de 300 g/m²
- Regla
- Lápiz HB
- Esponja
- Secante
- 2 vasos de agua
- Trapos
- Hoja de cuchillo
- Papel de vidrio

Los pinceles

- 1 pincel petigrís
  del n.°4
- 1 pincel de pelo
  de marta del n.°10
- Cincel

La paleta

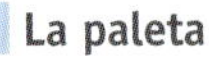

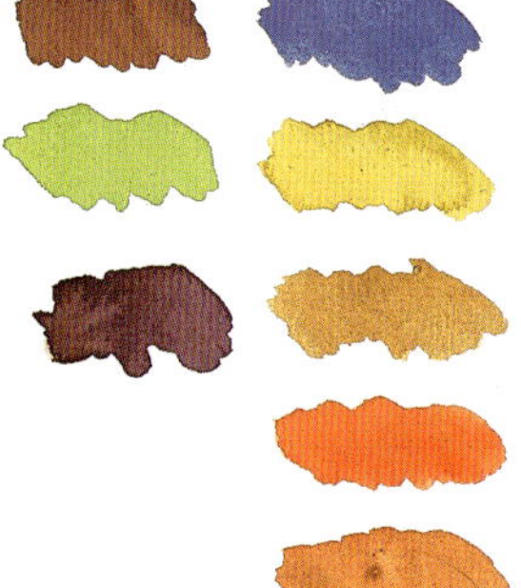

1 **Con una regla y un lápiz**, trace la cuadrícula sin apretar.
Después dibuje el contorno de la habitación y de los muebles
que repasará en azul. Deje secar y borre la cuadrícula y los
trazos inútiles.

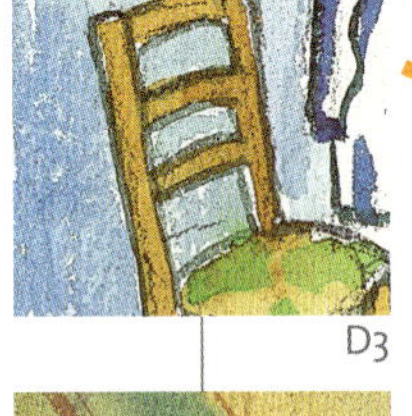

G4

2 **Con un pincel más espeso**, pinte la cama en
amarillo; luego, sin esperar, ponga ocre amarillo para
jugar con la humedad del papel: los colores se funden y
se mezclan: es el efecto de la mezcla. (cf. p. 8).

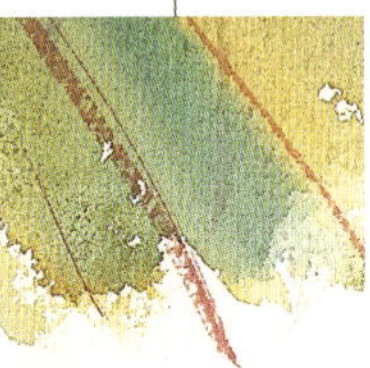

D3

3 **Pinte la silla** y los cuadros colgados de la pared
en ocre sobre papel seco.

4 **Cuando la cama esté seca**, realice la colcha en
bermellón roto de ocre. Enseguida pinte la mesa con
ocre cortado de bermellón. Luego, trace sin apoyarse
las líneas que salen del suelo en rojo y violeta.

F6

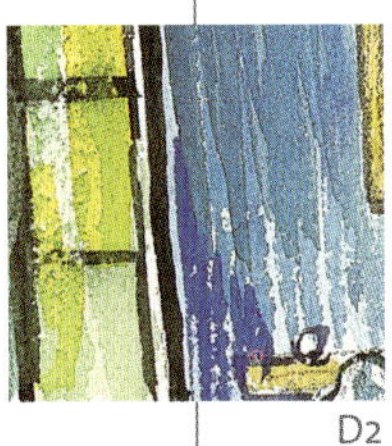

5 **Pinte los cristales en verde** cortado
con amarillo: la de la izquierda con el
papel húmedo y la de la derecha en papel
seco.

D2

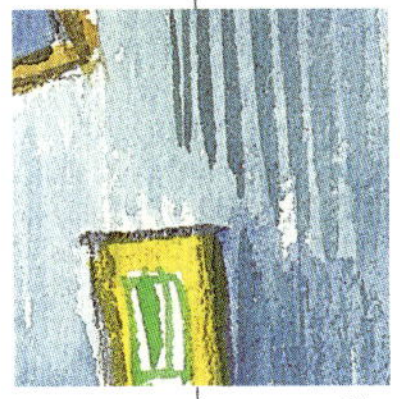

6 **Con el mismo azul que en el apartado *1***
diluido en agua, haga las líneas verticales de
la pared en papel seco, evitando con mucho
cuidado todo lo que sea amarillo.

G2

Para ayudarle a hacer los reservados,
use la Goma de tapar (cf. p. 44), lo que le
permitirá dejar el papel blanco.

Cómo conservar
las acuarelas

Es muy sencillo. Sólo
se necesita un simple
cartón de dibujar. Deje
secar bien sus acuarelas,
después guárdelas dentro.
Claro que puede también
enmarcarlas y colgarlas
en la pared con una orla,
una especie de cuadro
interior en papel que
hará que destaque más
su obra.

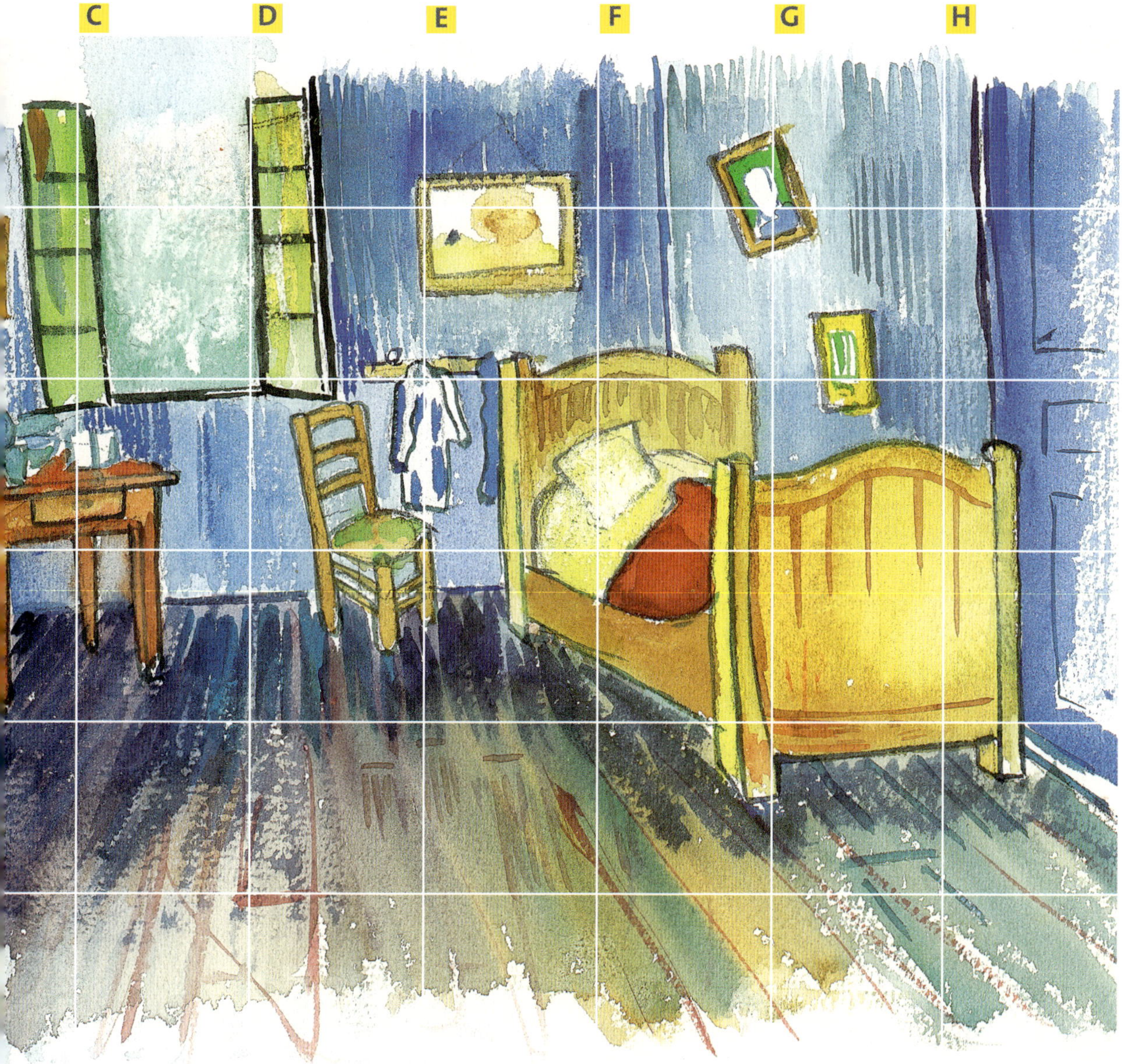

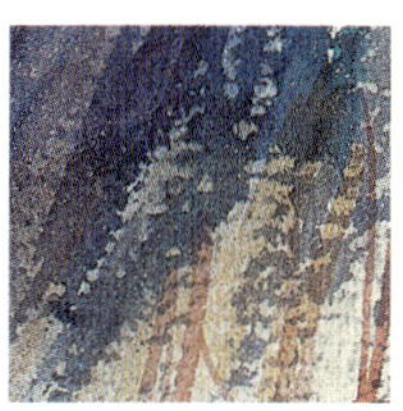

C5

7 **Pinte el suelo con abundante agua** de violeta cortado con bermellón. Repase por encima sobre húmedo, algunas pinceladas verticales azules y luego violetas.

▶ *Nota:*
Fíjese en cómo la huella del pincel es diferente sobre papel seco que en papel húmedo.

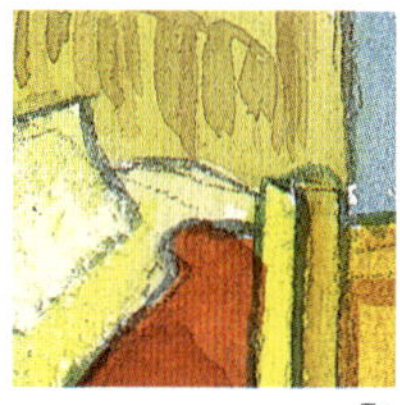

F3

8 **Si ha puesto amarillo** en la almohada, humidifique la hoja en este sitio con agua muy limpia. Una vez que el papel esté empapado, arranque un poco, rascando con la hoja de un cuchillo o con papel de vidrio; después aplaste la parte arrancada con un cincel o con su uña: ¡su almohada volverá a ser blanca!

a partir de **Jean-Baptiste Corot**
Patio de granja (hacia 1850)

En la granja

Un edificio de granja antigua de la Creuse o de Auvergne
podrá inspirarle a la vuelta de un paseo...

Material
- Papel especial para
  acuarela de 300g
- Regla
- Lápiz HB
- Goma
- Esponja
- Secante
- 2 vasos de agua
- Trapos
- Goma de tapar

Los pinceles
- 1 pincel petigrís
  del n.°4
- 1 pincel de pelo
  de marta del n.°10
- Cincel

La paleta

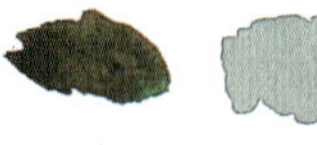

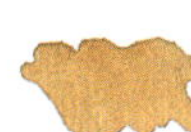
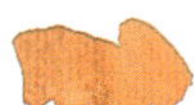

1 **Con una regla y un lápiz** trace la cuadrícula sin apretar.
Después haga la composición. Delimite los contornos del
dibujo en tierra de Siena. Deje secar y borre la cuadrícula.
Señale los reservados: la chimenea y el borde del tejado.

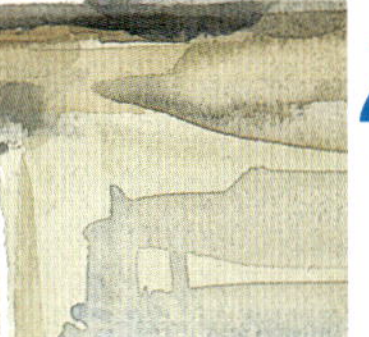

2 **Mezcle azul**, rojo y amarillo para obtener un gris
muy desleído con el que pintará las paredes y el
suelo. Pase también este líquido por el techo de la
derecha.

F3

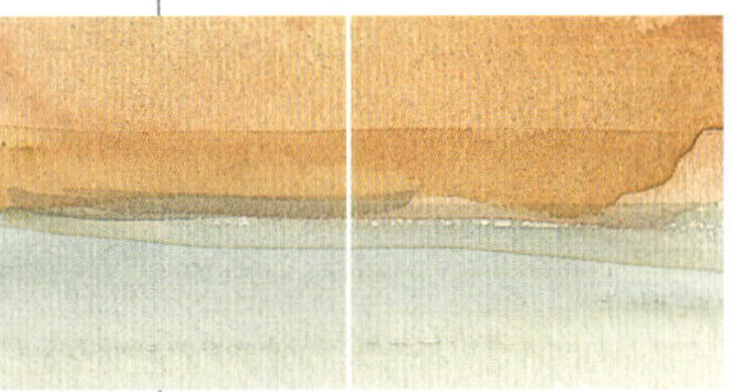

F5 - G5

3 **Con tierra de Siena** cortada de
bermellón, trace bandas horizontales
en la fachada delantera de la casa
y pinte la puerta (B4 y B5). Deje secar.

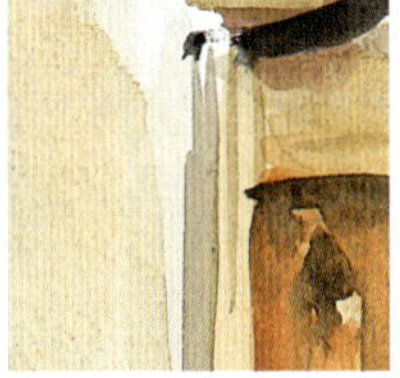

B4

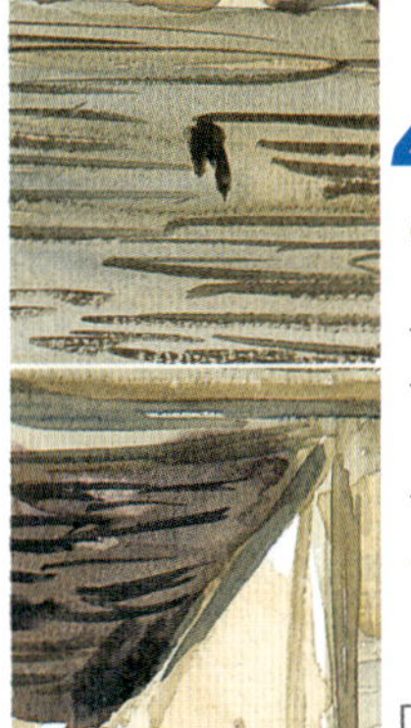

4 **Pinte las tejas en tierra de sombra**
con la punta del pincel haciendo trazos
horizontales. Luego, vuelva a pintar el
tejado del cobertizo con un color liso en
tierra de Siena, y, una vez seco, lo puede
realzar con trazos horizontales. Pinte
también el interior de las ventanas
dejando en reservado de blanco los
montantes (G3).

D2 - D3

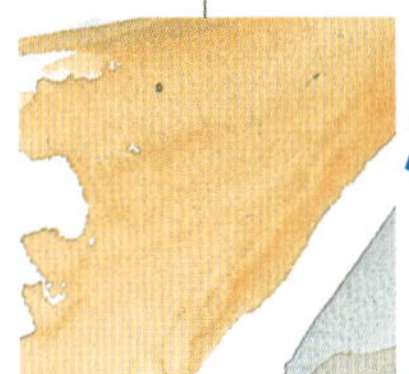

5 **Pinte el techo de la granja** con
bermellón muy diluido: dejando el borde
del techo en reservado, le da mucha
suavidad a su acuarela.

La función de los grises
Los grises se obtienen en la
acuarela a partir de los colores
rotos: mezclando a partes iguales
el verde y el rojo, violeta y
amarillo, azul y naranja, o a partir
de un gris de Payne.
La función del gris es fundamental
pues es él el que varía la
intensidad de los tonos por
yuxtaposición: un gris neutro
parecerá caliente junto a un color
frío, y frío al lado de un color
cálido. Bien situados, los grises
atenuarán sus colores.

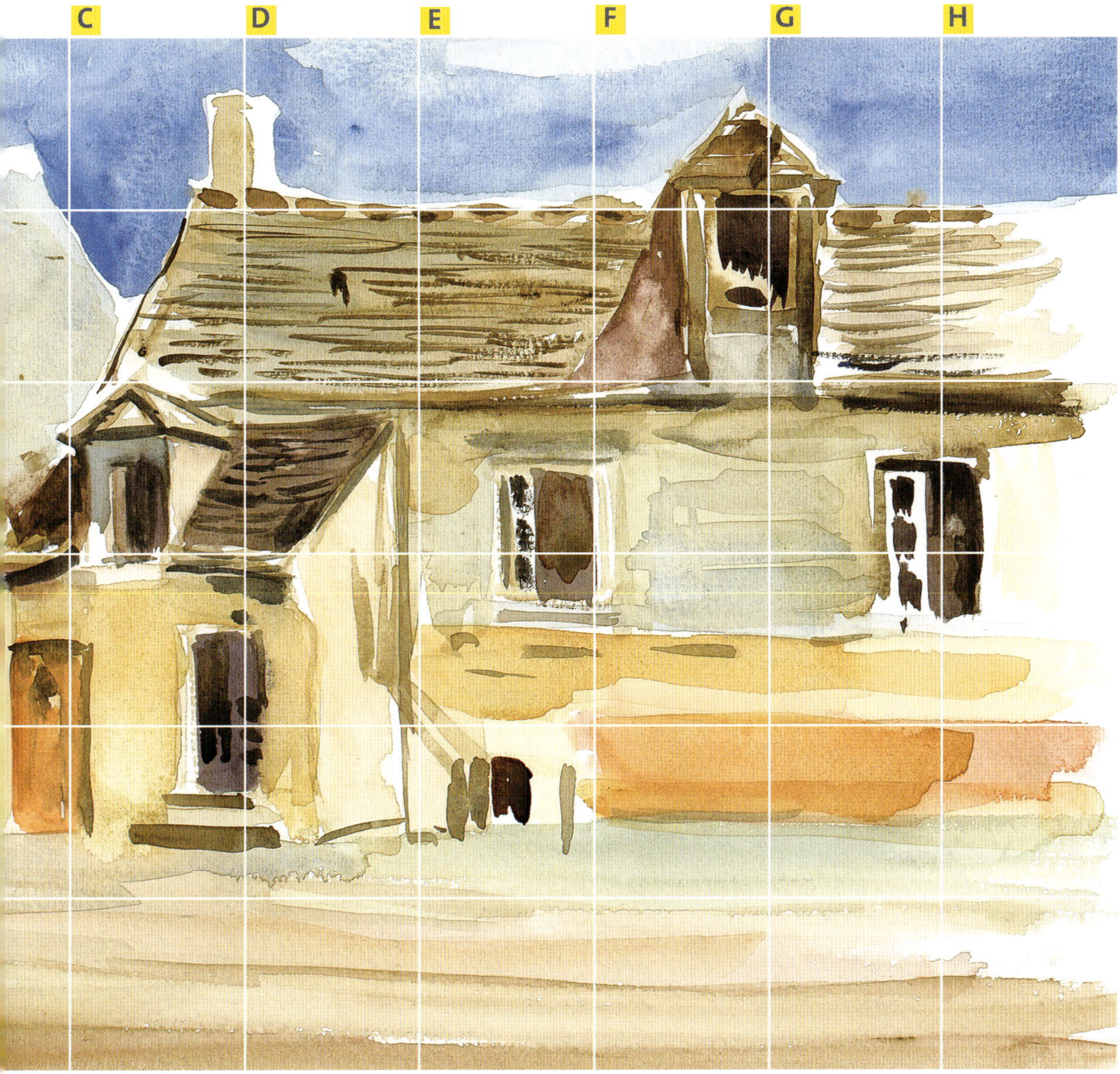

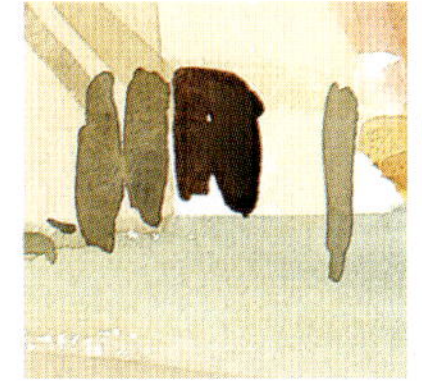

6 **Con una punta de verde** cortado de rojo diluido, realice el suelo de la granja, delante de la casa, con trazos horizontales.

E5

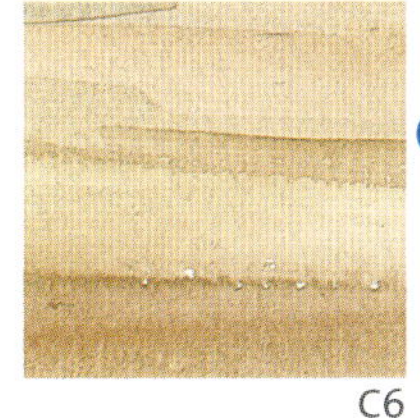

8 **Pinte el suelo del patio** con tierra de sombra cortada de violeta, muy diluida; después la sombra violeta del techo del cobertizo, muy densa.

C6

7 **Sitúe el cielo** con una mezcla irregular de azul de ultramar y vuelva a pintar una segunda capa en húmedo, lo que oscurecerá el color en algunos lugares.

Escena de multitudes

La acuarela es el arte de los viajeros, fácil de transportar por todas partes,
incluso en medio de una corrida donde usted va a probar la pintura al natural.

Material

- Papel especial para acuarela de 300g
- Regla
- Lápiz HB
- Goma
- Esponja
- Secante
- 2 vasos de agua
- Trapos
- Tinta de China
- Pluma de dibujar

Los pinceles

- 1 pincel petigrís del n.°4
- 1 pincel de pelo de marta del n.°10
- Cincel

La paleta

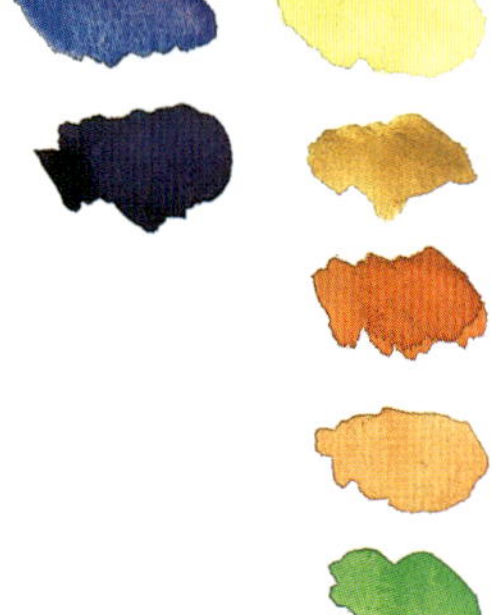

1 **Con una regla y un lápiz**, trace la cuadrícula sin apretar. Después dibuje el contorno de la plaza y los personajes. Borre en seguida la cuadrícula.

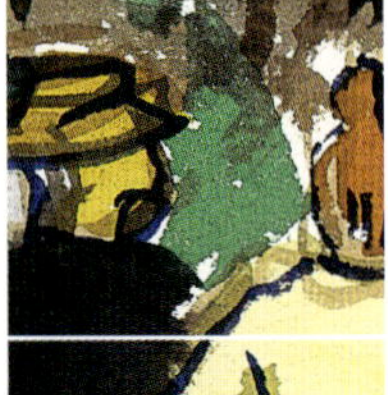

2 **Con un amarillo muy diluido**, pinte el vestido amarillo del segundo plano, después el sombrero amarillo del primer plano con menos agua, y finalmente corte el amarillo con ocre amarillo para la arena de la plaza.

D5 - D6

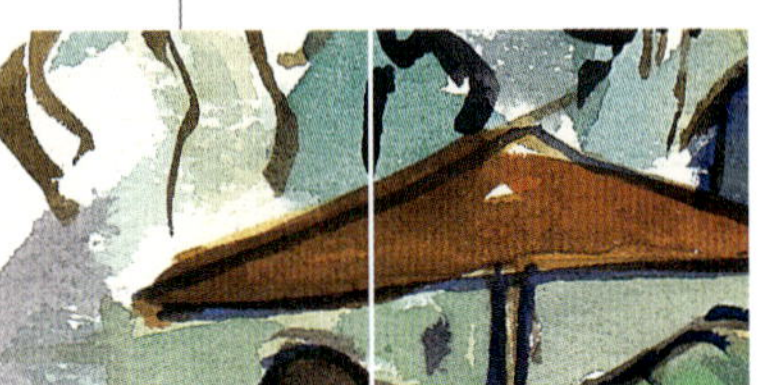

A5 - B5

3 **Pinte en bermellón** la sombrilla del primer plano y algunas manchas de rojo en el público: trabaje en papel seco para que la acuarela no se extienda.

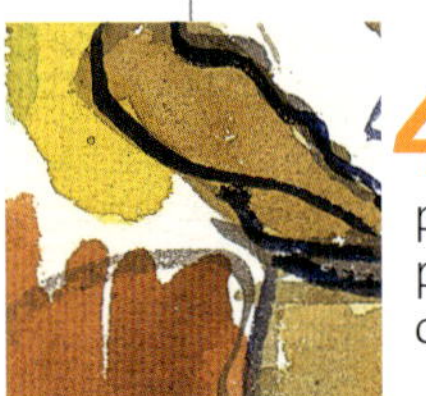

A7

4 **Pase tierra de Siena** diluida por el vestido de la izquierda en el primer plano: evite con mucho cuidado pintar el cuello.

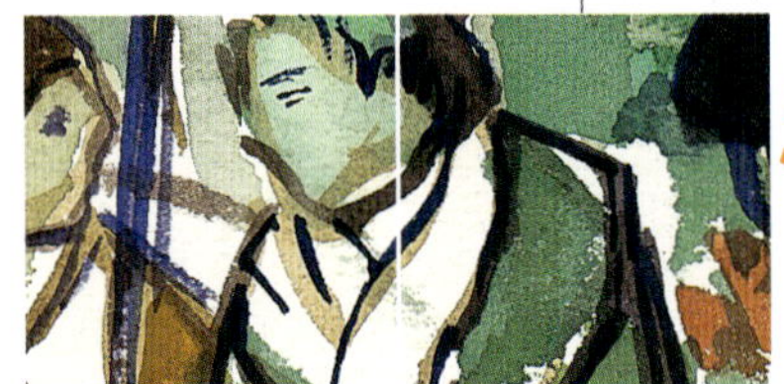

B6 - C6

5 **Diluya verde** para pintar el vestido de la derecha, en el primer plano, y manchas en el fondo. Aquí también, haga los reservados a la altura del cuello del vestido. Deje secar.

6 **En azul de cobalto** cortado de violeta muy diluido, pinte con una mezcla gris el público en rayas diagonales. Deje secar.

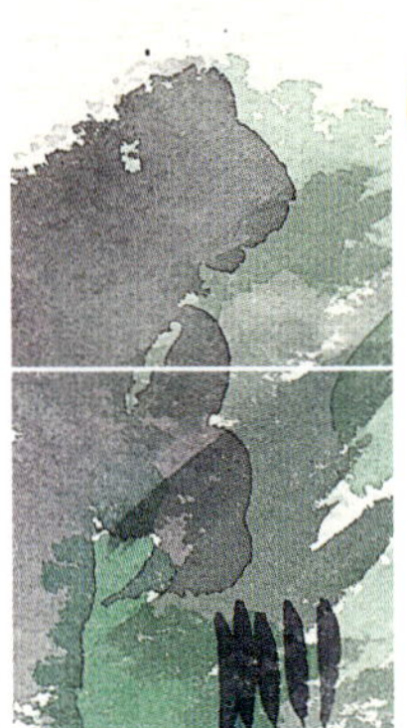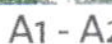

A1 - A2

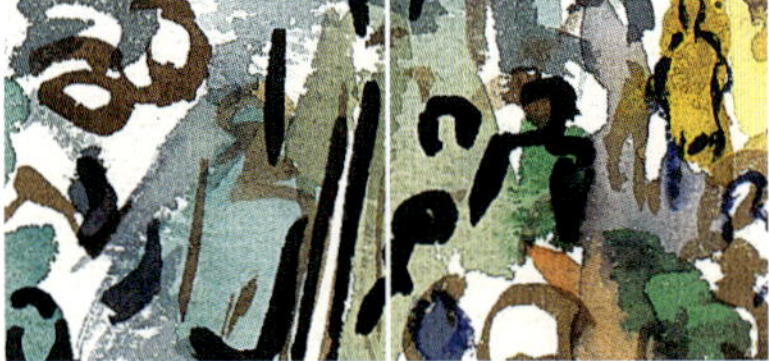

B4 - C4

7 **Con la punta del pincel**, vuelva a pintar los contornos de los personajes en violeta roto con azul: ponga mucho color en el pincel para que el color sea intenso.

Pintar al natural

La acuarela es por naturaleza una técnica de pintura muy fácil de practicar: se puede transportar por todos lados la caja de acuarela, sus pinceles, su bloque de hojas y una pequeña botella de agua. Durante el viaje, es un verdadero placer pintar al natural un paisaje, una escena especial o colores que se quieran guardar en la memoria.

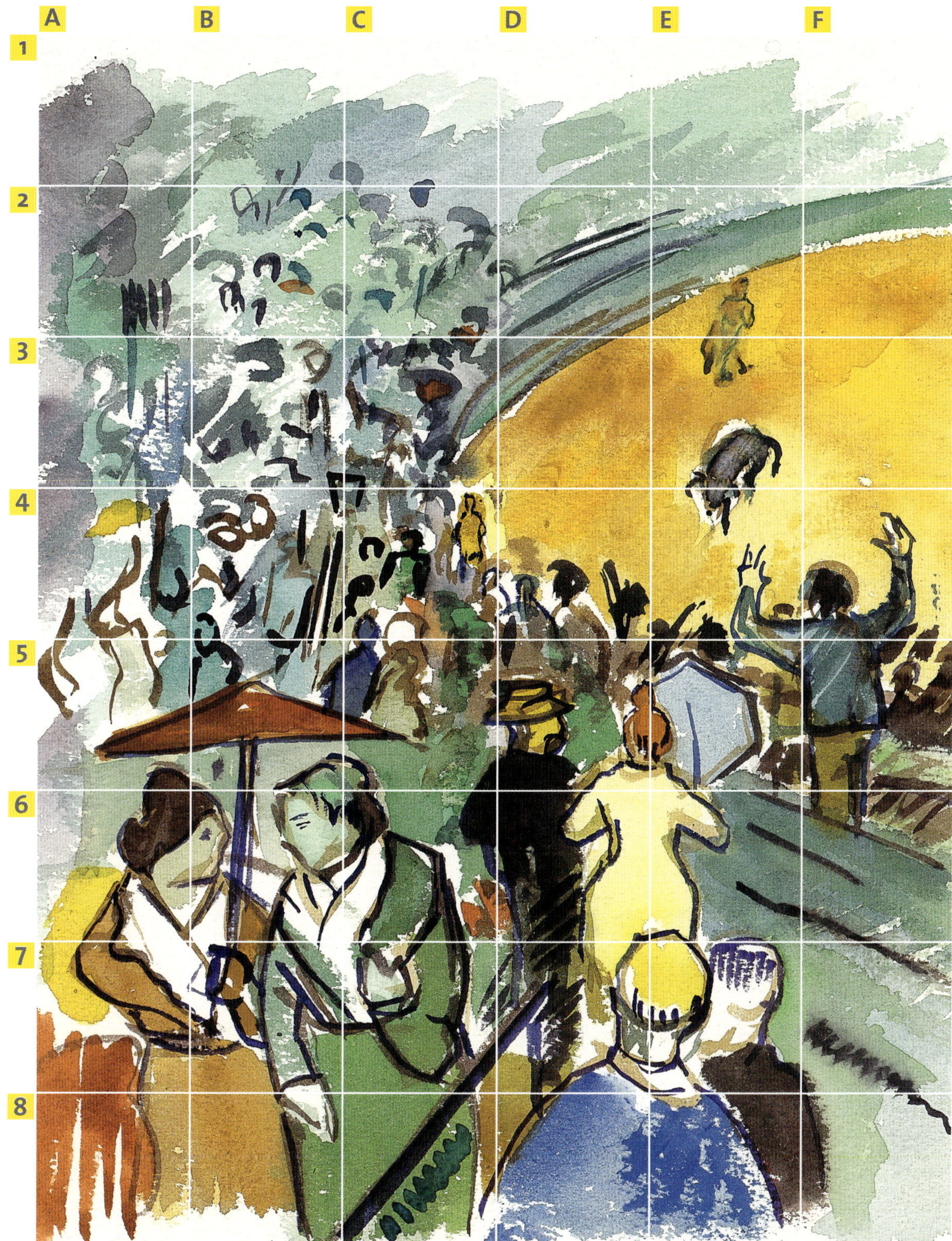

Una Venecia al estilo moderno

Ciudad de agua y de reflejos, Venecia es el tema por excelencia de los acuarelistas.

Material

- Papel especial para acuarela de 300g
- Regla
- Lápiz HB o mina de plomo
- Goma
- Esponja
- Secante
- 2 vasos de agua
- Trapos
- Blanco de China

Los pinceles

- 1 pincel petigrís del n.°4
- 1 pincel de pelo de marta del n.°10
- Cincel

La paleta

1 **Con una regla y un lápiz**, trace la cuadrícula sin apretar. Después dibuje los contornos del cuadro. Borre en seguida la cuadrícula.

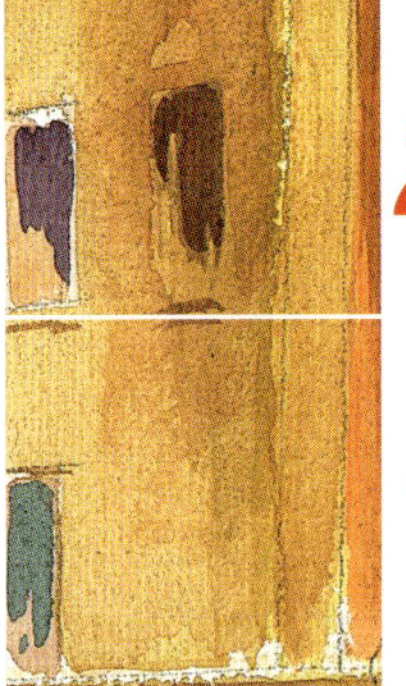
C3 - C4

2 **Pinte una capa de amarillo** cortado en ocre amarillo por las casas, la pared y el muelle. Haga algunos trazos horizontales para señalar los reflejos en el agua. Después vuelva a pintar la segunda casa en ocre amarillo y sombree con un poco de tierra de Siena.

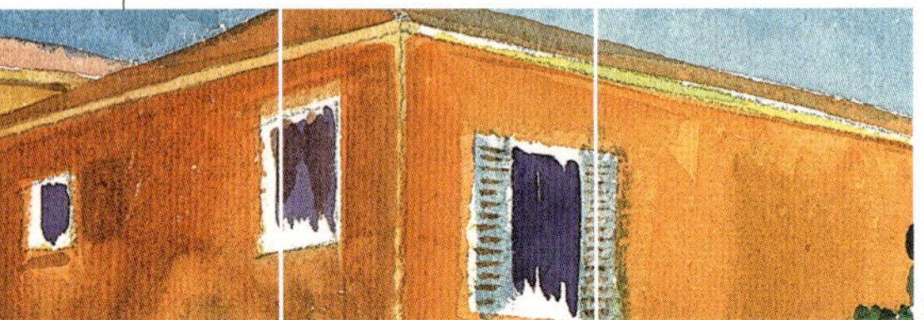
D2 - E2 - F2

3 **Pinte la casa roja** mezclando ocre rojo, carmín y ocre amarillo. Pinte también los reflejos en el agua horizontalmente.

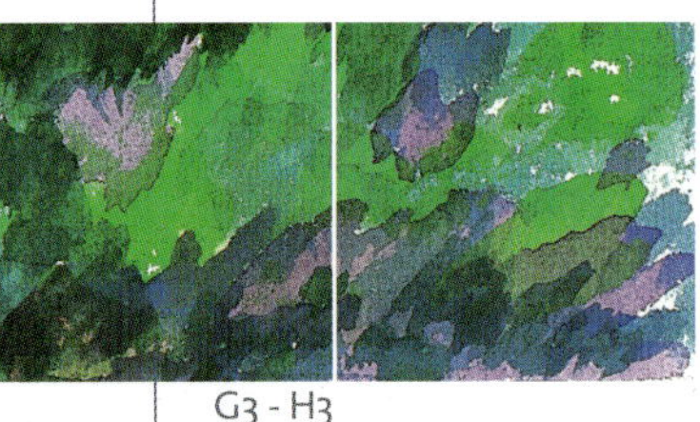
G3 - H3

4 **Haga los árboles** con pinceladas sucesivas: verde cortado de amarillo, después verde cortado de rojo. Ponga unas al lado de las otras.

A3

5 **Para el cielo**, pinte manchas verticales. A lo largo de las casas, realce con el mismo azul sin esperar a que el papel esté seco.

La línea clara

Para conseguir una mayor precisión en el dibujo, se puede utilizar la técnica de la línea clara, que subraya el contorno de los objetos representados. Aquí los contornos de las casas y de los techos son muy limpios, sea gracias a un trazo hecho con pintura, sea gracias a un reservado donde aparece el blanco del papel (C2).

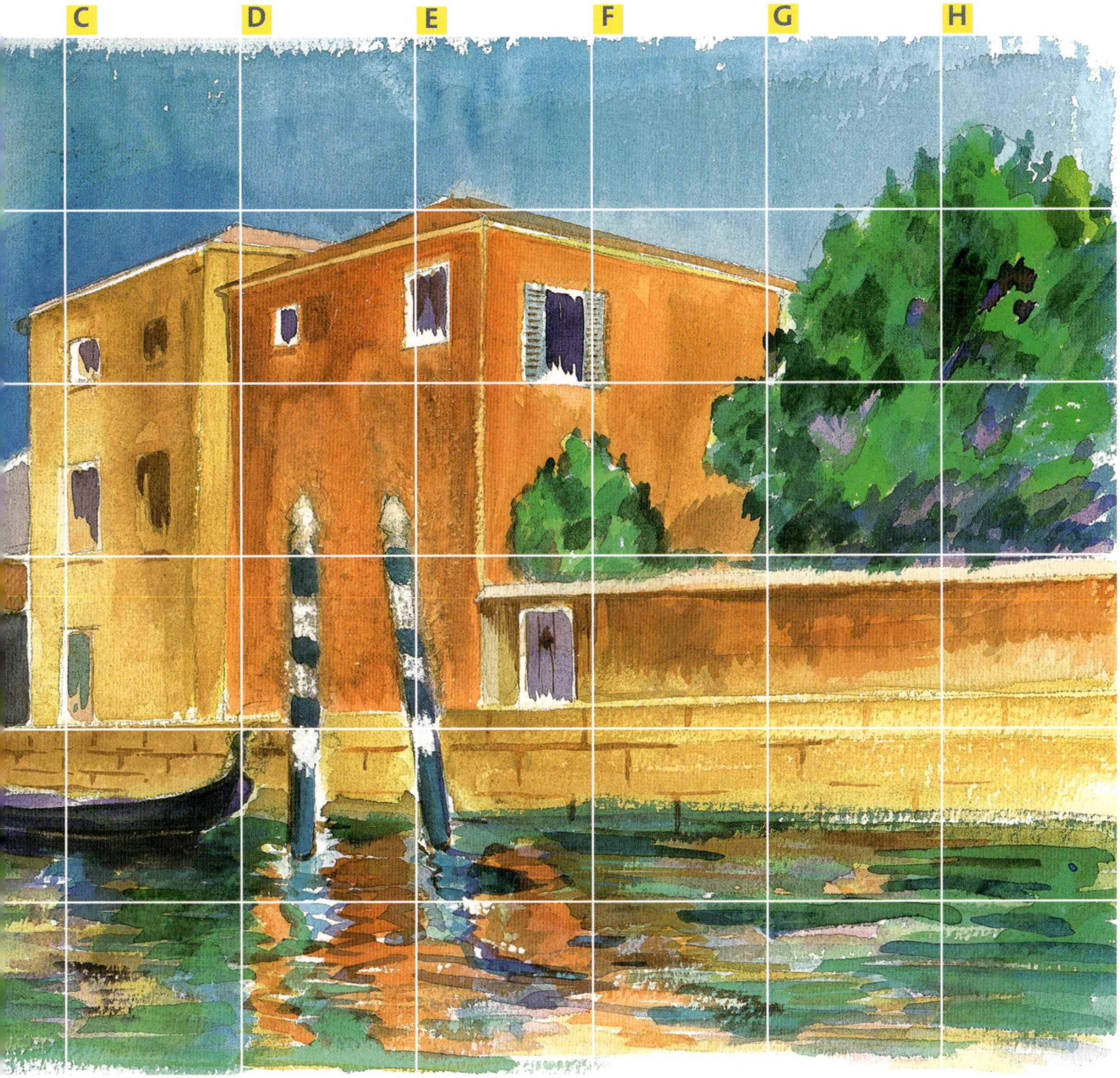

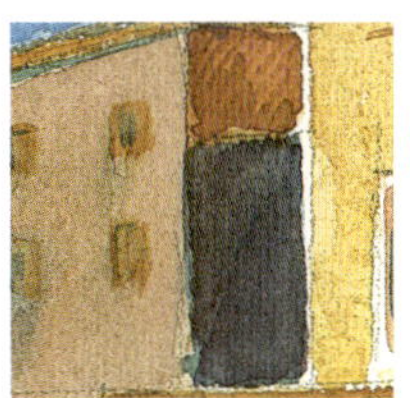

6 **Haga un gris** con rojo, azul y amarillo para pintar las casas del fondo: varíe las mezclas para dar efectos de sombras y de luz.

B4

7 **Pinte la góndola** y su reflejo en violeta y azul de ultramar. Ponga manchas violetas dentro de las ventanas, en los árboles para dar volumen y para la sombra de las casas (B4).

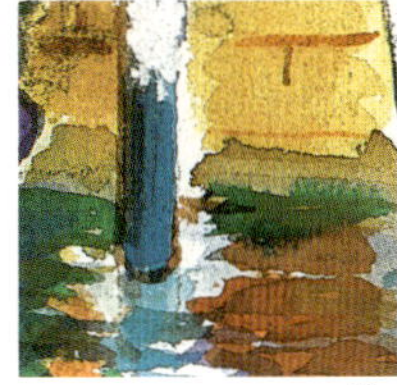

8 **Acabe por los postes** de amarre azules evitando las zonas blancas y el agua del canal hecha con una mezcla diluida de azul y verde: respete los reflejos que ya están situados. Con una suave pizca de violeta, trace los espacios intermedios de las piedras del muelle.

D5

Para **dar más vitalidad al blanco**, puede arrancar el papel, bien seco, con la punta de un cuchillo.

Eugène Delacroix
Paisaje en los alrededores de Tánger (1832)

En un cuadernillo de viaje, los más extensos paisajes caben dentro, en un papel o soporte muy pequeño, pues no es el tamaño del papel el que da la impresión de espacio, sino la perspectiva aérea.

Material

- Papel especial para acuarela de 300g
- Regla
- Lápiz HB
- Goma
- Esponja
- Secante
- 2 vasos de agua
- Trapos
- Hoja de cuchillo
- Papel de vidrio

Los pinceles

- 1 pincel petigrís del n.°4
- 1 pincel de pelo de marta del n.°10
- Cincel

La paleta

1 **Con una regla y un lápiz**, trace la cuadrícula sin apretar y dibuje el contorno de las montañas, de las casas y de la vegetación. Después, borre la cuadrícula y los trazos inútiles.

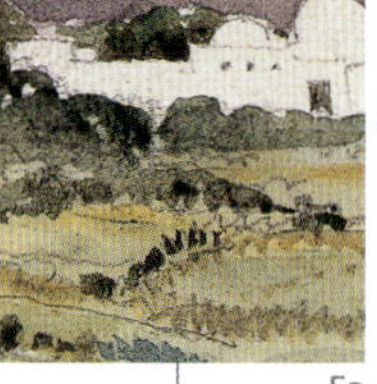
F2

2 **Haga una mezcla violeta** muy diluida por toda la superficie del dibujo: evite con cuidado las dos casas blancas (D2 y F2). Para ayudarse puede utilizar la goma para tapar (cf. p. 44).

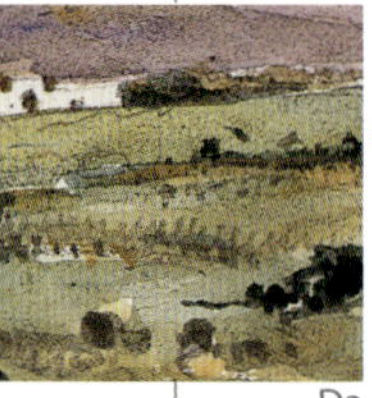
D2

3 **Una vez el papel seco**, pase amarillo por la meseta que tiene más o menos una forma ovalada.

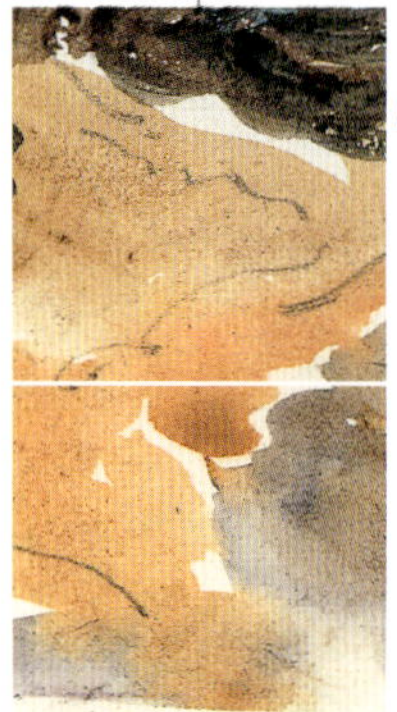
E4 - E5

4 **Realice pinceladas entrelazadas** en el primer plano: bermellón cortado con tierra de Siena y ocre amarillo. Diluya para obtener colores muy transparentes.

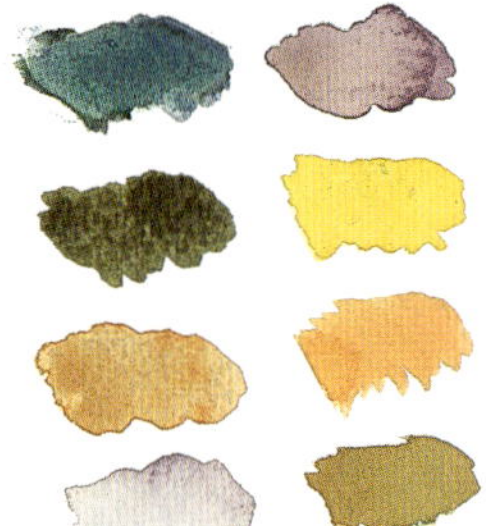

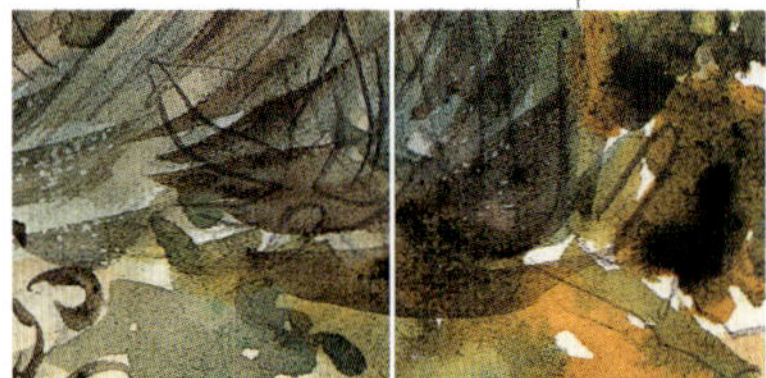
B4 - C4

5 **La vegetación del primer plano**: con verde roto de bermellón, haga manchas imprecisas en forma de trébol (D4). Para el cactus (A3), corte verde con el amarillo.

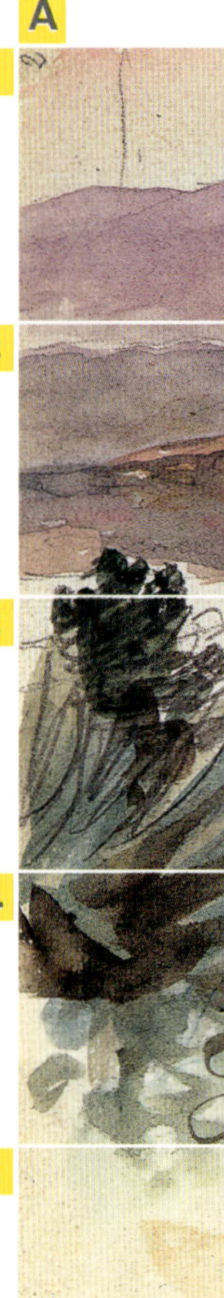
A

©Photo RMN - Gérard Blot

> **La perspectiva aérea**
>
> Se llama *perspectiva aérea* o *perspectiva de los colores* a la degradación de los colores en función de su situación en el espacio figurado. Permite dar, por el juego de colores, la profundidad. Situación de los colores según los tres planos:
> - **primer plano:** amarillo, ocre, rojo = valores oscuros
> - **segundo plano:** verde, azul = semitonos
> - **tercer plano:** azul, violeta = valores suaves y grises

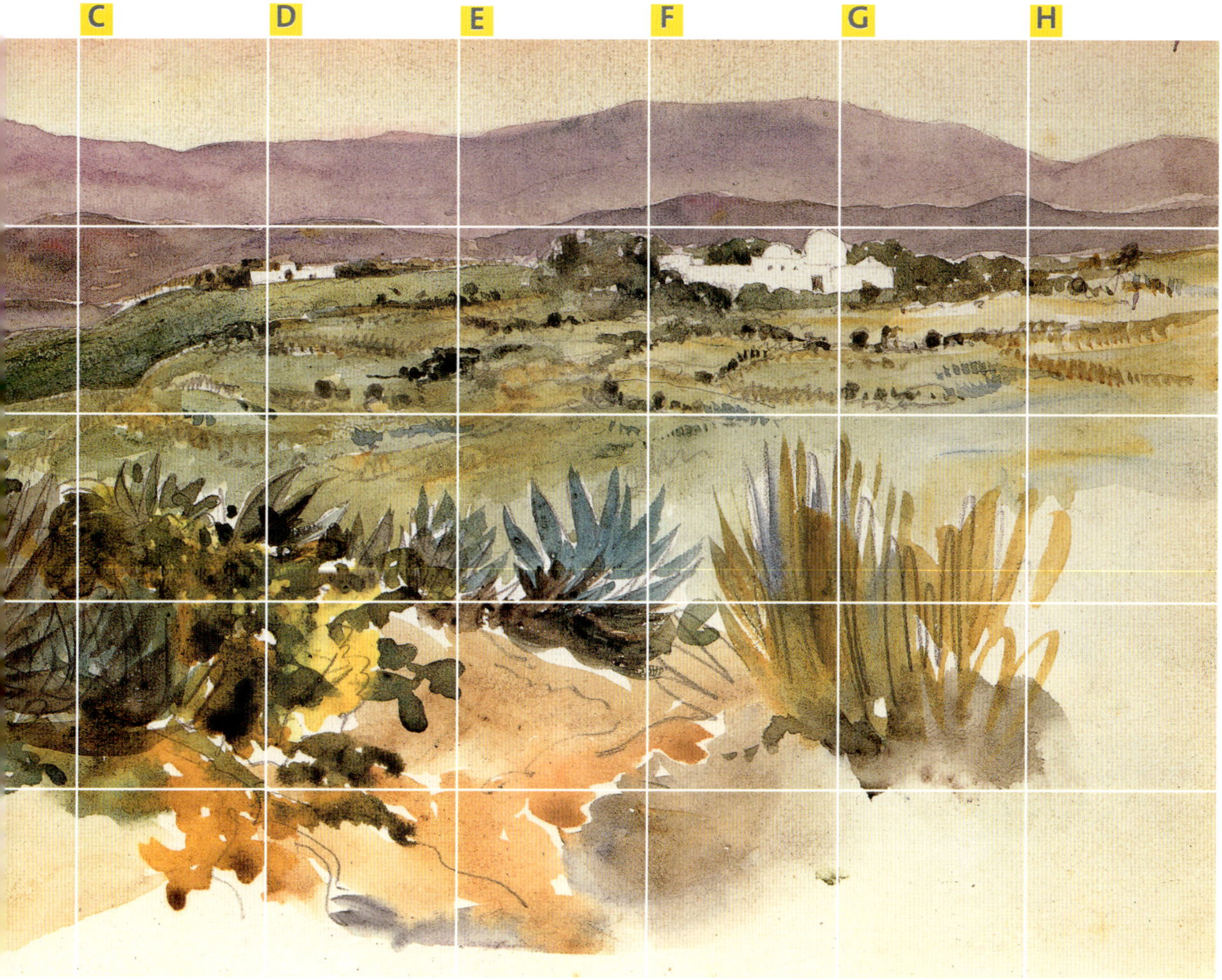

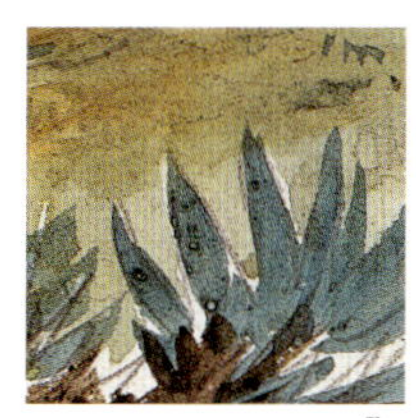

E3

6 **Rompiendo el verde** con el azul, haga los aloes y las higueras chumbas del primer plano: pinte en papel seco para que los trazos sean limpios (cf. p. 44).

7 **Las praderas del segundo plano** se consiguen con verde cortado con tierra de Siena. Para los arbustos, corte el verde con el azul: no ponga mucha agua en el pincel para que el color no se expanda mucho. Pinte las vallas en tierra de Siena con pequeños trazos verticales (H2).

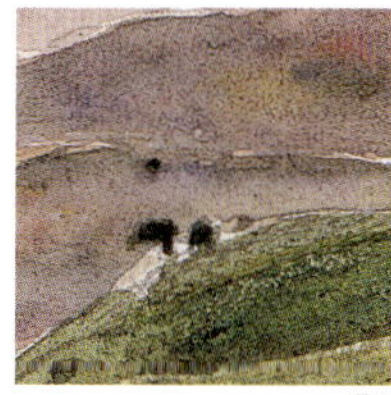

B2

8 **Pinte las montañas** en violeta diluido. Realce en carmín algunos sitios (A2 y B2). Con un pincel seco absorba y difumine el violeta por encima de la línea de la cresta de la montaña más alejada.

Paul Gauguin
Faré bajo los cocoteros
del *Album Noa Noa*

Después de un viaje por el trópico, si ha olvidado su caja de acuarelas, entrénese en recordar los fabulosos colores que pintará a la vuelta.

Material

- Papel especial para acuarela de 300g
- Regla
- Lápiz HB o mina de plomo
- Goma
- Esponja
- Secante
- 2 vasos de agua
- Trapos
- Blanco de China

Los pinceles

- 1 pincel petigrís del n.°4
- 1 pincel de pelo de marta del n.°10
- Cincel

La paleta

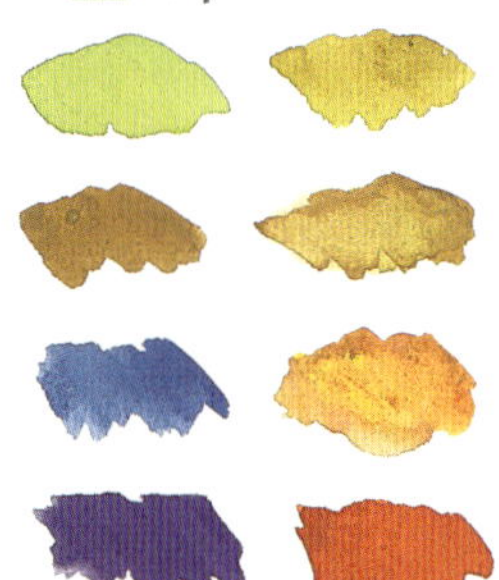

1 **Con una regla y un lápiz**, trace la cuadrícula sin apretar. Después dibuje el contorno del cuadro: la casa y el lugar de los cocoteros. Borre en seguida la cuadrícula.

2 **Empiece por el amarillo** de las palmas del cocotero (C1). Después pase una capa muy diluida por el suelo del primer plano con una mezcla de ocre amarillo y de amarillo. Déjelo secar.

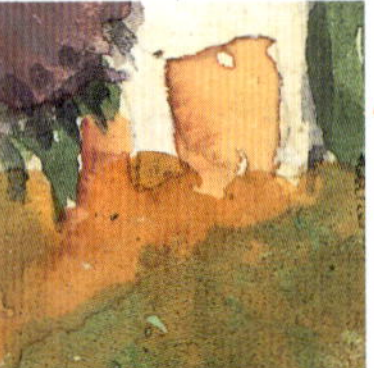

E6

3 **En naranja** suavemente cortado con ocre, realice la mancha de la pared y del suelo a la derecha.

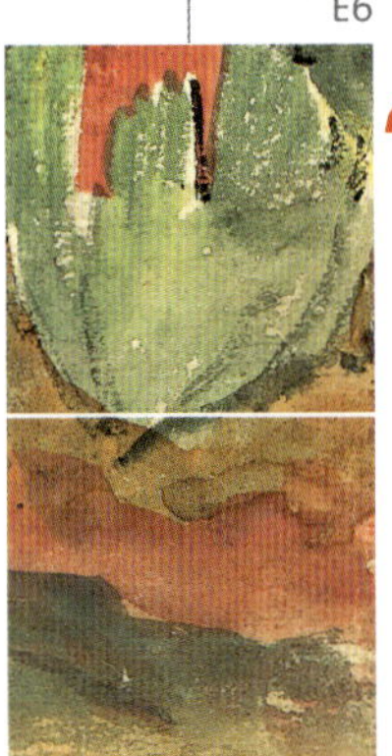

4 **Coloque el color rojo** con bermellón: en las plantas de la derecha (F6 y F7) y en la puerta, lo que crea un efecto de sombra.

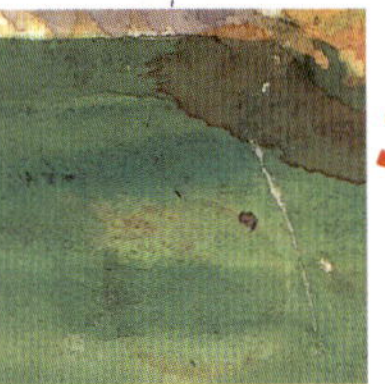

F6 - F7

5 **En capas sucesivas**, pinte el césped de un verde muy diluido: deje secar entre cada capa. Haga el árbol de la izquierda de la misma manera.

D7

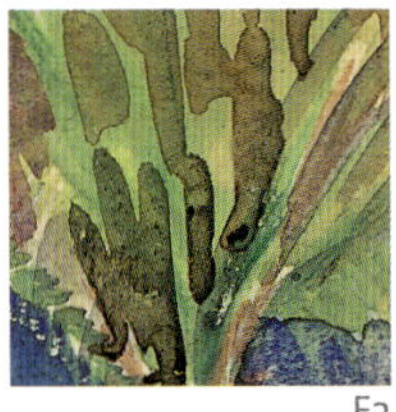

F2

6 **Para los cocoteros**, pinte en verde roto de amarillo. Deje secar y después haga unos trazos en ocre amarillo para realzar el detalle de las palmas.

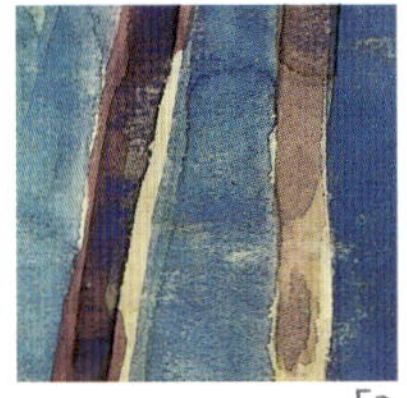

E3

7 **Pinte el cielo** poniendo en vertical manchas azules diluidas: evite los troncos. Trabaje en húmedo sin dejar secar entre las diferentes capas. El azul del primer plano está realizado en fondo seco mezclado con un poco de verde.

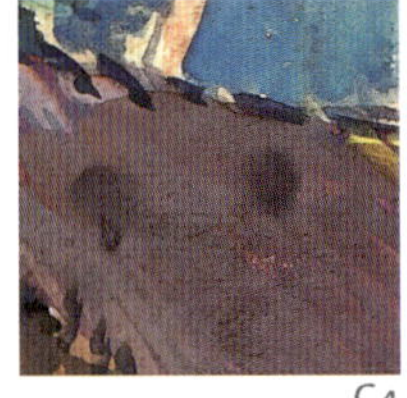

C4

8 **Con violeta**, pinte el tejado de la casa y el interior de la puerta. Cuando el cielo esté seco, pinte los troncos diluyendo mucho el color.

El trabajo de memoria

Después de haber hecho estudios con los maestros o del natural, trabajar de memoria es la tercera etapa en el dominio de la acuarela. Este tipo de ejercicio le dará una gran firmeza de realización: tiene que realizar de memoria algún efecto visto del natural poniendo en práctica las técnicas que ha aprendido en esta obra.

A B C D E F
1
2
3
4
5
6
7
8

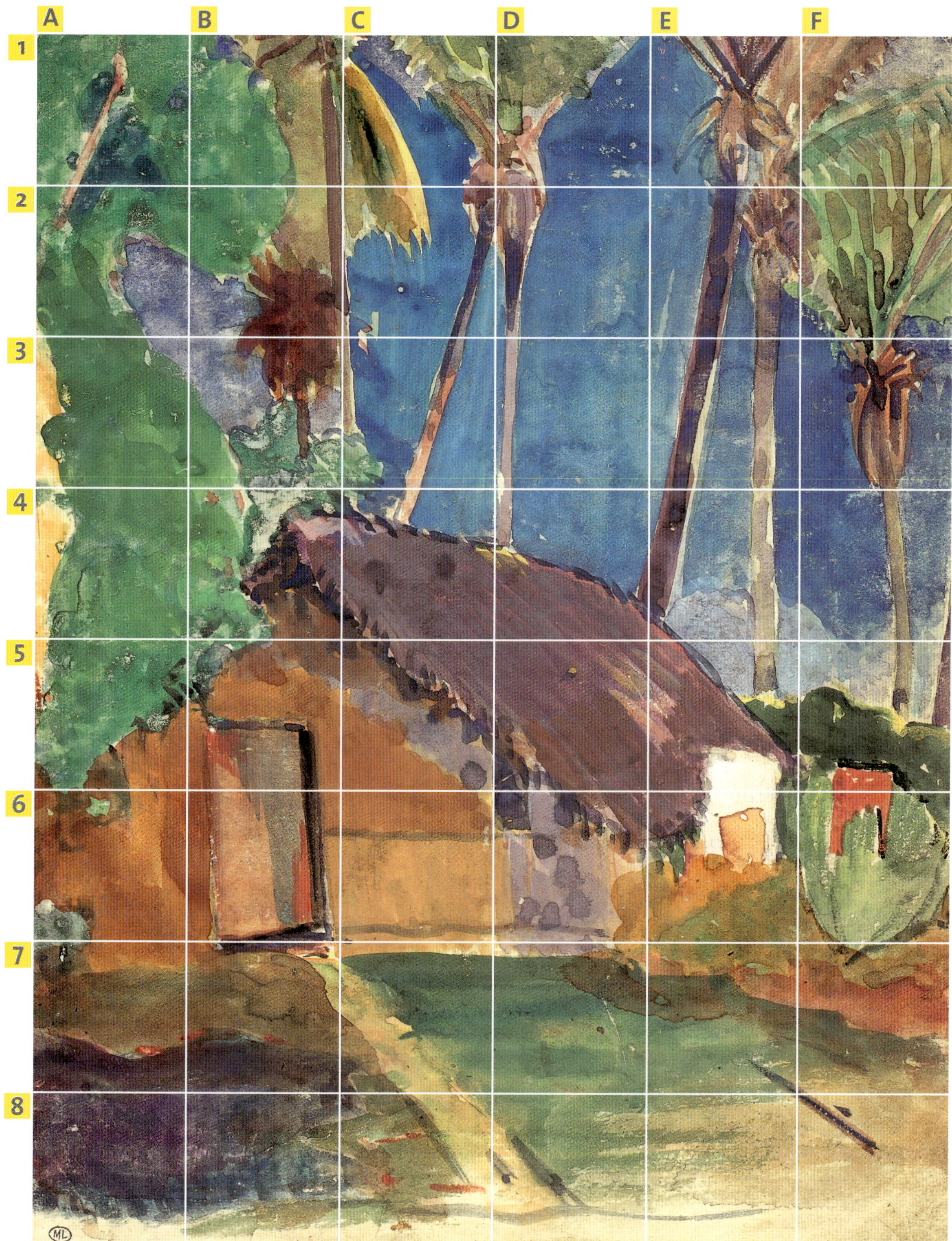

El cuadrado romano

Se obtienen los formatos M, P, o F sistemáticamente gracias a la relación entre ancho y largo de un cuadrado y las diagonales, que son la base del arte de la composición.

El arte de la composición

de la pintura se basa en el uso de las diagonales. Hay dos grandes formas clásicas: la primera se llama *puerta de la armonía*; la segunda, *número áureo*.

Regla del uso de los colores

Los colores se relacionan los unos con los otros; así pues, hay que vigilar su disposición y tener cuidado de que uno no mate al otro por estar al lado.

El cuadrado romano es una técnica de composición que permite situar los elementos de un cuadro sin que estén centrados.

Son los cuadrados quienes se encajan a lo largo de la diagonal que define su situación:

- **El cuadrado 1** define el lugar de la flor abajo en la izquierda.

- **El cuadrado 2** define el lugar de la flor de en medio.

- **El cuadrado 3** define la parte alta de la composición.

Cálculo de la «puerta de la armonía»

El formato **P** se obtiene por la puerta de la armonía: largo del rectángulo = diagonal del cuadrado.

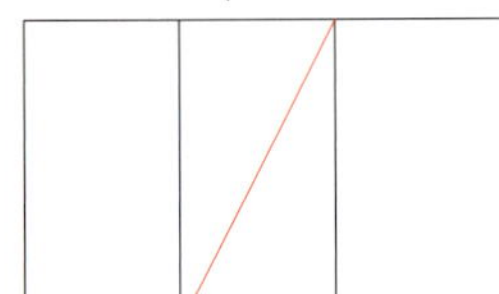

Cálculo del número áureo

Los formatos **M** y **F** se obtienen por el número áureo: largo del rectángulo = $^1/_2$ lado del cuadrado + diagonal del $^1/_2$ cuadrado.

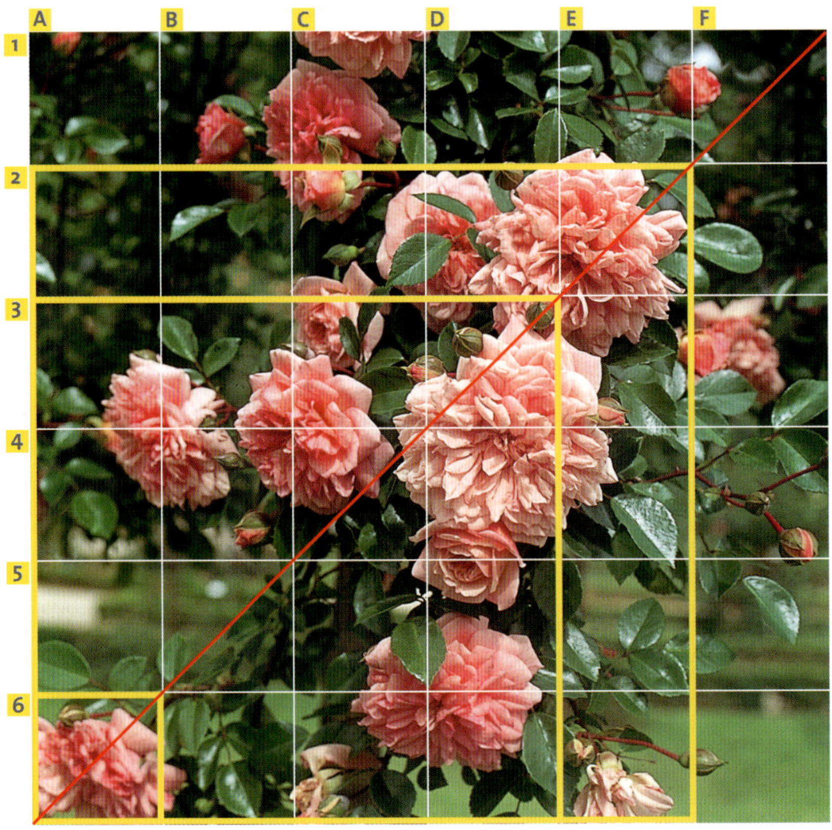

Un ramo

Para terminar, tratemos la cuestión más general de la composición, que desempeña un papel muy importante en la cualidad de su obra. Hemos escogido inspirarnos en una clase de ramo que puede tener fácilmente en casa.

¿Cómo situar el jarrón en su dibujo?

Poner el tema justo en el centro comportaría una simetría molesta. Es necesario situar el eje de simetría vertical hacia un lado (cf. el esquema abajo a la derecha).

• **Determine la dimensión**
de su dibujo final
de ancho AB/CD y largo AC/BD
(en negro).

• **Trace este rectángulo** con un lápiz HB o 2B.

• **Con el mismo lápiz** dibuje en el interior el cuadrado ABFE que determina una recta EF (en rojo).

• **Trace la diagonal BC**
del rectángulo (en azul), después la AF del cuadrado (en verde).

• **El rectángulo EFDC** representa el espacio de la mesa.

• **La vertical GH**, que corta la diagonal del cuadrado y la del rectángulo en el mismo punto, es su eje de simetría: es en relación a él como va a dibujar su tema principal. Se dará cuenta de que este eje está desplazado del centro del dibujo.

Trasládese a los modelos propuestos en este libro, y confirmará esta regla.

La sombra y la luz

La luz va de izquierda a derecha y de arriba abajo, exactamente como el sentido de la lectura. La sombra, que puede ser más o menos destacada, se encuentra a la derecha. Esta regla debe respetarse obligatoriamente

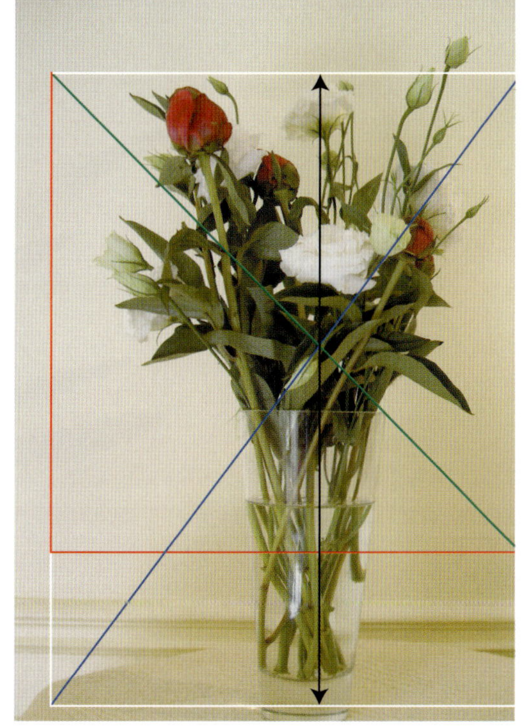

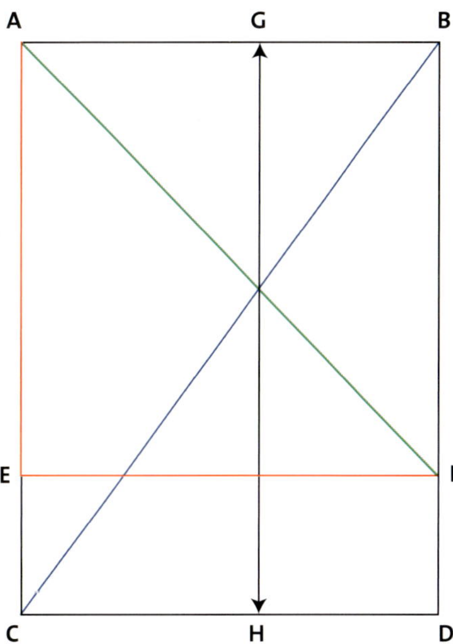

Reglas básicas del retrato

1 **Forma general del rostro**:
En un adulto –cuando lo vemos de frente– podemos poner su cara en dos cuadrados superpuestos. En un bebé puede caber en un cuadrado.

2 **El eje vertical del rostro** (línea 1) pasa por la nariz y la boca, sabiendo que la nariz está siempre un poco ladeada con relación a este eje.

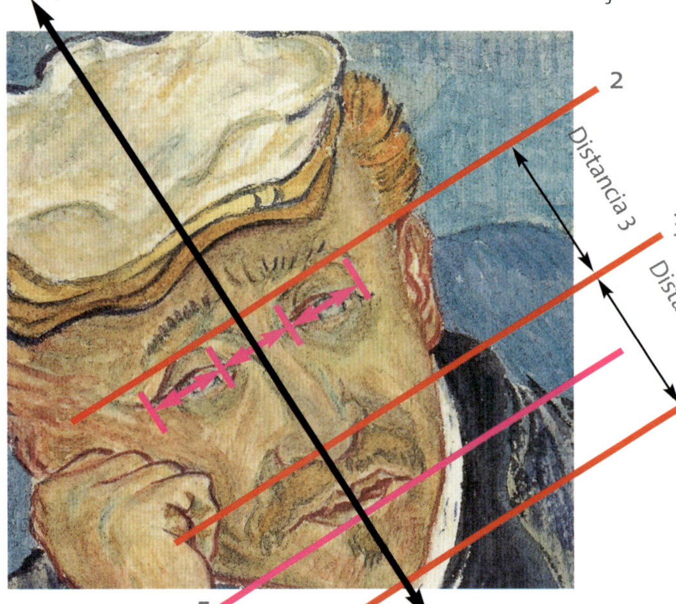

Fotocopie en color
la fotografía de su hijo ampliándola al formato A4 o bien imprima su foto en una hoja A4.

- Después pase carboncillo por el dorso de la fotocopia.
- Calque en el papel pastel la cara de su hijo, vigilando los rasgos del rostro y respetando absolutamente la forma y el tamaño de los ojos.

3 **Un eje** (línea 2) que pasa por el pliegue del párpado –bajo la ceja y justo por encima del ojo– corta la cara en dos partes iguales.

4 **El tamaño de la oreja** (distancia 3) es la misma para todo el mundo: sale del nivel del pliegue del párpado y baja hasta la base de la nariz.

5 **La distancia entre la base de la nariz** y el mentón (distancia 4) es equivalente a la que se encuentra entre el pliegue y la base de la nariz (distancia 3).

6 **El lugar de la boca**. Se sitúa en un eje (línea 5) equidistante entre la base de la nariz y el mentón.

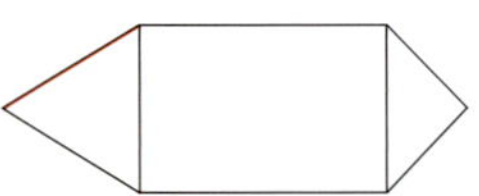
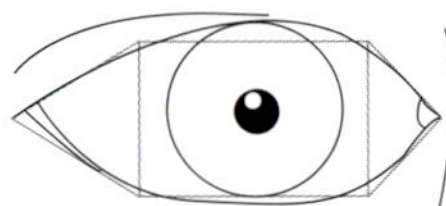

7 **El sitio de los ojos.** Se sitúan en un mismo eje horizontal y la distancia entre los ojos es equivalente al ancho de un ojo.

▶ *Consejo:*
los ojos están compuestos por un rectángulo y dos triángulos, uno pequeño del lado de la nariz y otro más alargado del lado de la oreja.

8 **El pliegue del párpado**, dibújelo con cuidado, pues es él el que da la expresión de la mirada.

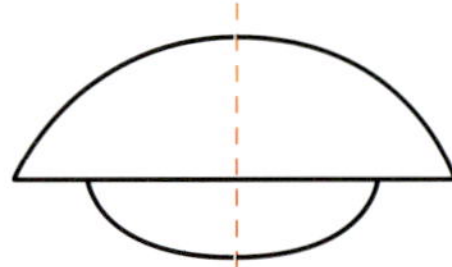
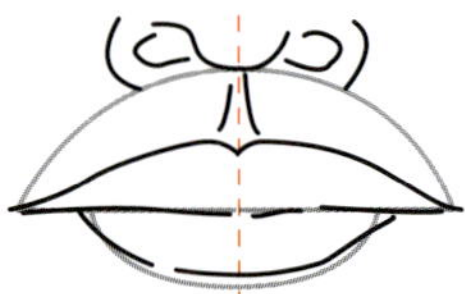

9 **La forma de la boca**. El labio superior es mayor que el labio inferior: el músculo superior es mayor y sólo él va a la comisura de los labios; el músculo inferior se sitúa en el centro del labio.

10 **¿Dónde sombrear?** La luz del sol que viene de arriba sombrea suavemente por debajo de las cejas, la nariz el labio superior y el mentón.

▶ *Consejo:*
no sombree las mejillas ni los pómulos; si no, se crean arrugas que envejecen el retrato. Pero ponga suaves brillos en rosa y anaranjados.

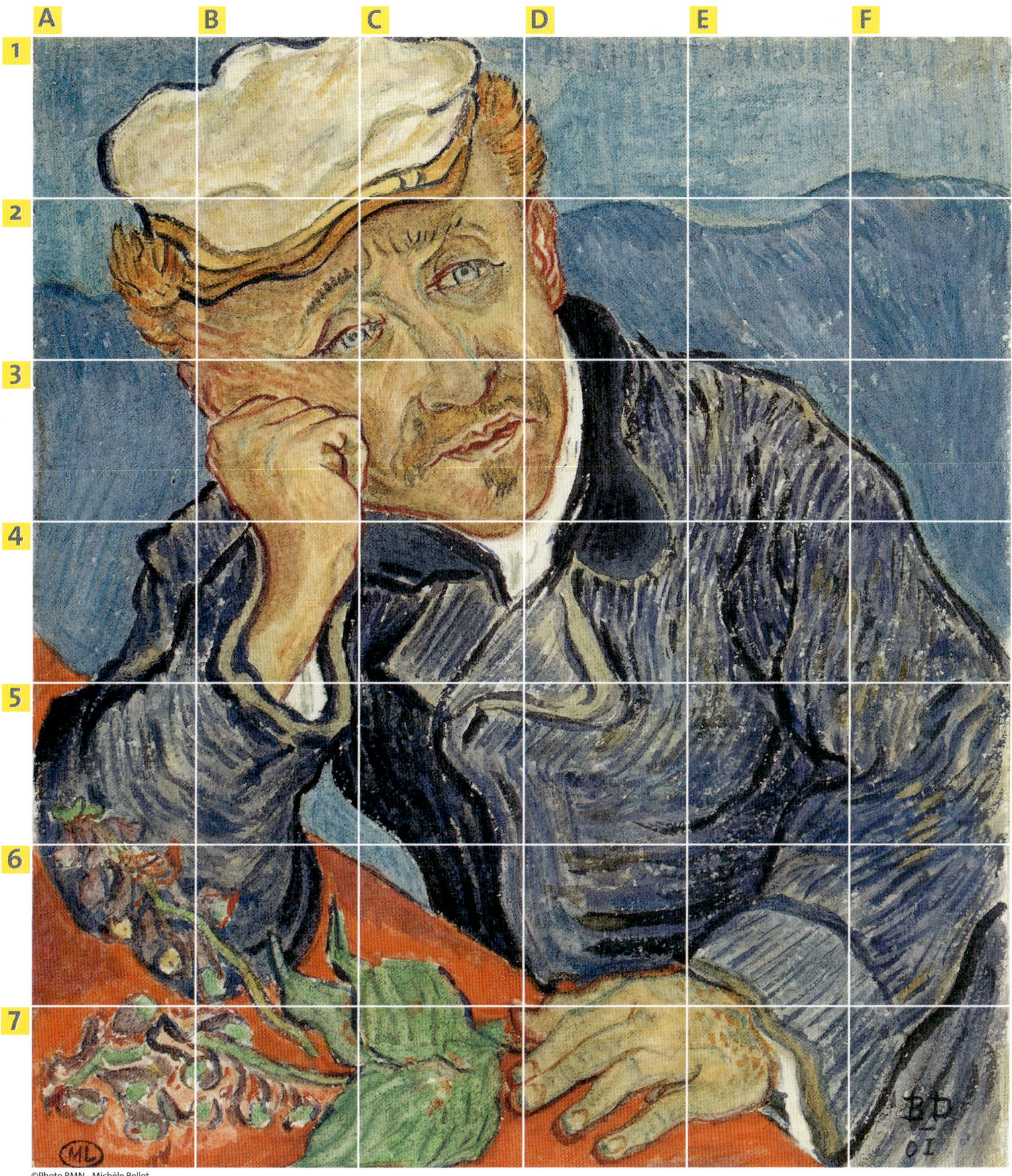
©Photo RMN - Michèle Bellot

Los criterios objetivos del color

Tinte: nombre del color; por ejemplo, rojo bermellón.

Tono: cantidad de blanco en el color.

Valor: cantidad de gris en un color.

Intensidad: calidad de refracción de la luz en un color; por ejemplo, el rojo cadmio es más intenso que el rojo bermellón.

Tonalidad: colorido dominante en una obra.

Colores primarios

Se llaman colores primarios o funcionales los colores que no se pueden obtener con ninguna mezcla: azul, amarillo, rojo.

Colores secundarios

Se llama colores secundarios a la suma de dos colores primarios: verde, naranja, violeta; un color secundario es el complementario del primario restante: el verde (amarillo + azul), por ejemplo, es el complementario del rojo.

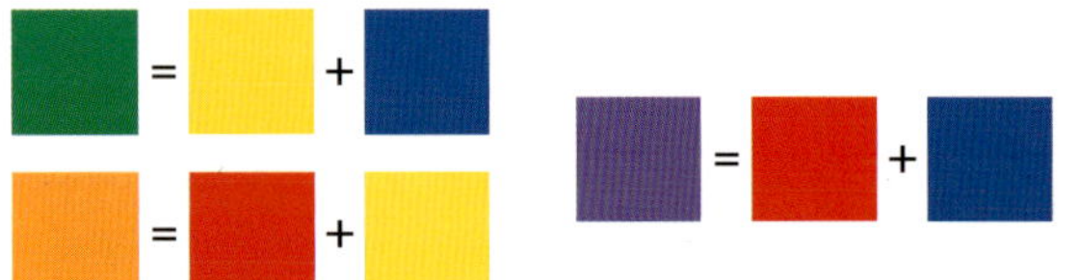

Teorema de Leonardo da Vinci

La sombra y la luz se dividen en colores cálidos y colores fríos. La luz, para los pintores, se obtiene gracias al reparto armonioso de los colores cálidos y fríos. Se admiten como cálidos los amarillos, rojos, naranjas y tierras y los fríos son los verdes, azules y violetas.

Cuidado, los colores también son fríos o cálidos de forma relativa, los unos con relación a los otros.

Teorema del contraste llamado «de Reynolds»

Un cuadrado negro sobre un fondo blanco parecerá más pequeño que un cuadrado blanco de la misma dimensión sobre un fondo negro.

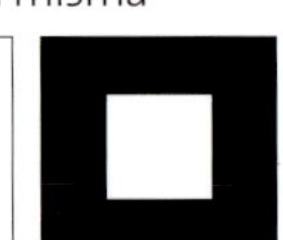

Teorema del contraste simultáneo llamado «de Chevreul»

Un color incluido en su complementario parecerá más intenso que el mismo color incluyendo este mismo complementario (cf. p. 28).

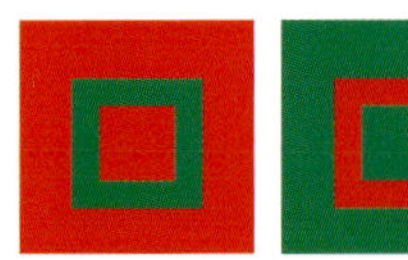

El efecto de atracción/repulsión

Los colores se atraen o se rechazan. Estas ilusiones ópticas, resultantes de varias leyes descritas más arriba, dan origen a la perspectiva aérea.

Ejemplo: los colores cálidos parecen avanzar en relación a los colores fríos, que parecen retroceder (cf. p. 60).

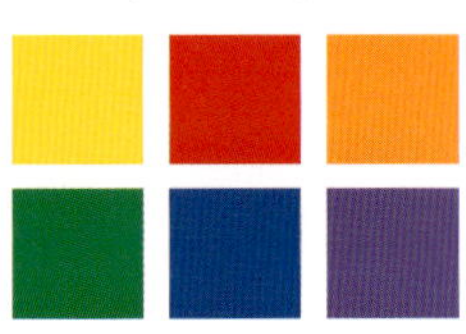

Teorema de Rood

Para el pintor, la suma de los colores es el gris. Las mezclas de los colores hechos en la paleta es un lento camino hacia el negro: cuanto más los mezclamos, más parecerán grisáceos por sustracción mutua de los colores.

Los criterios subjetivos del color

Teorema de la yuxtaposición de los colores, llamado «de Belzod»

A partir de una cierta distancia, el ojo mezcla automáticamente los colores.

Ejemplo: manchas amarillas yuxtapuestas a manchas azules dan sensación de verde.

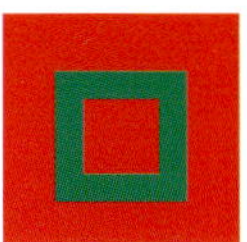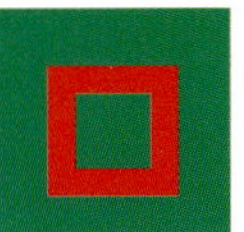

Teorema de Goethe

El ojo crea naturalmente el complementario del color observado. Este fenómeno fisiológico se debe a la «memoria retiniana» (cf. p. 14).

Perspectiva aérea

Situación correcta de los colores en función de su intensidad y de su gradación para dar sensación de espacio. Los colores fríos son huidizos, los cálidos son saltones.

Ejemplo: cuanto más alejado está un objeto, más azul gris parece. Cuanto más cerca está, parece cálido y rojo (cf. p. 60).

Teorema de las interacciones del color, llamado «de Albers»

El color no existe solo, siempre hay al menos un color yuxtapuesto que hace variar su efecto en tono, en valor y en intensidad, y recíprocamente.

Ejemplo: un gris neutro parecerá cálido al lado de un color frío y frío al lado de un color cálido (cf. p. 24).

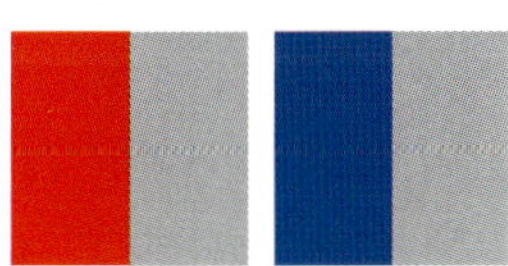

Los efectos de intensidad, de saturación de luz tienen efectos psicológicos que son los reflejos de las pasiones humanas y que, por tanto, varían según los individuos. Lo bello, lo hermoso, lo agradable, son unas nociones subjetivas y según el adagio:

«Contra gustos y colores, no hay disputas.»

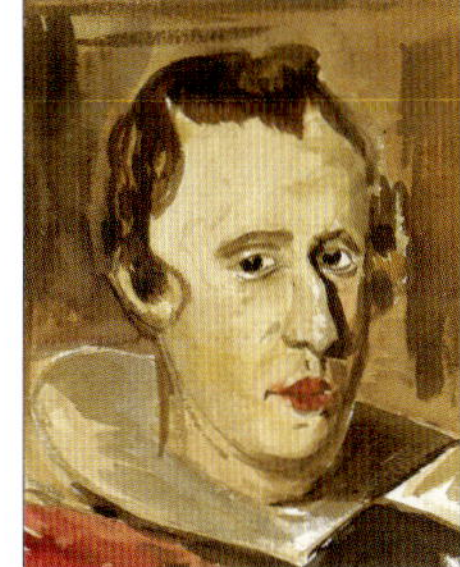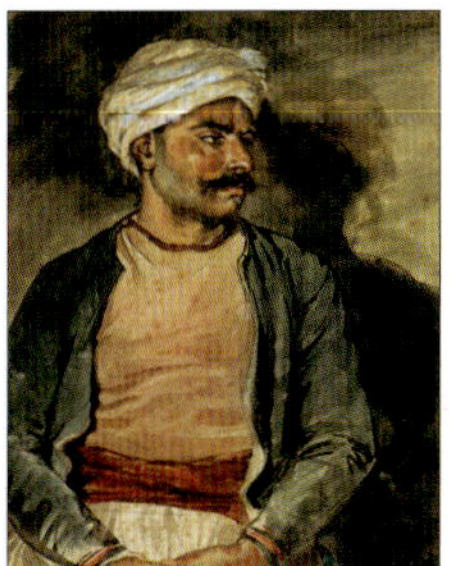

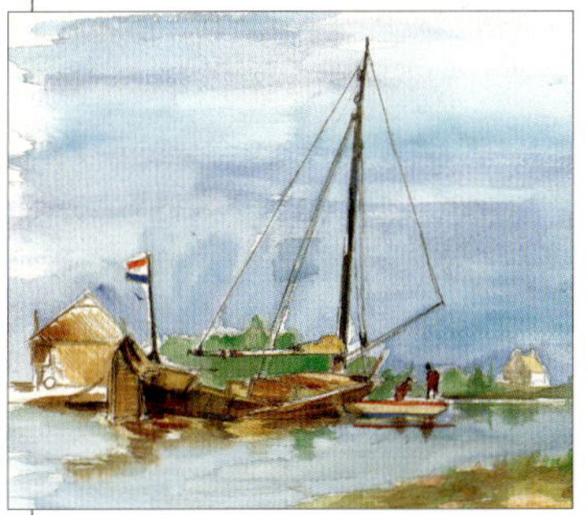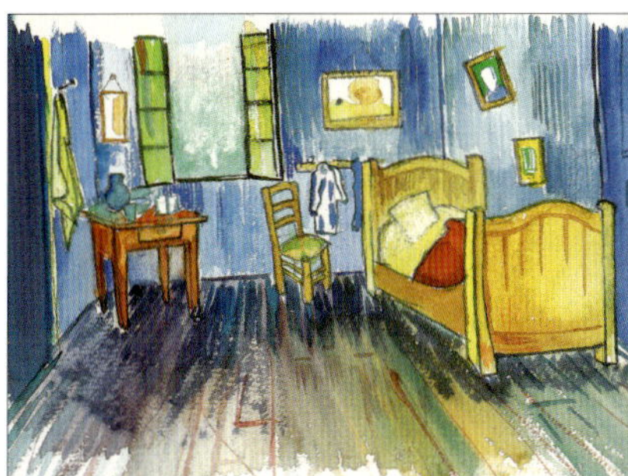

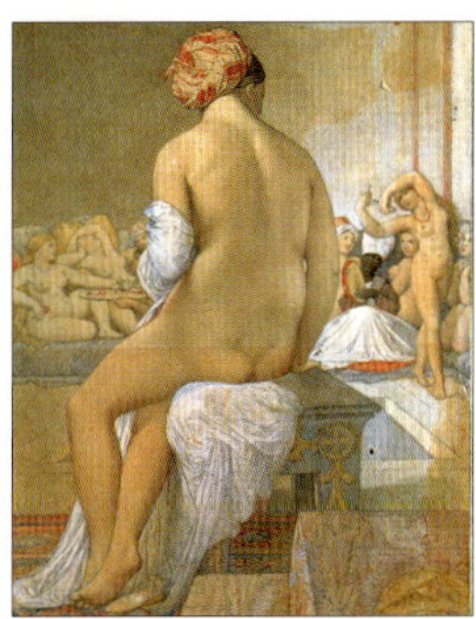

Índice temático y técnico

A

absorber: 6, 12, 13, 61
acuarelado: 14
agua: 6, 8, 9, 10, 11, 12, 13, 16, 24, 26, 28, 48, 53
aguada: 5, 20, 50
alcohol: 6, 10, 26, 48
aloes: 61
amarillo limón: 8, 10, 18, 36, 40, 50
apuntes del natural: 40
árboles: 8, 12, 20, 21, 58, 62
arena: 56
arena: 56
arquitectura: 11
arrugas: 36
avenida: 44
azul de cobalto: 8, 10, 13, 14, 15, 18, 42, 56
azul de Prusia: 22
azul de ultramar: 8, 10, 12, 16, 19, 24, 31, 32, 36, 41, 42, 44, 46, 48, 55, 59

B

bandera: 8
barba: 36, 46
barca: 8
barco de vela: 8
blanco: 15, 24, 40, 59
blanco de China: 20, 46, 48
boca (forma de la): 67
borrar: 6, 10, 12, 16, 30
botador: 6, 53

C

cabello castaño claro: 36, 40
cabello negro: 36
cabello pelirrojo: 36, 50
cabello rubio: 36, 42
cactus: 60
caja de acuarelas: 5
cama: 52
camisa: 46
campo: 18
Canal (Gran): 10
canal: 8, 11, 59
capa primera: 12
capas sucesivas: 22
cara: 18, 40, 46, 50
carboncillo: 36
carreta: 19

casas: 8, 9, 12, 54, 58, 60, 62
cejas: 36
cera de vela: 6
césped: 20, 62
chaqueta: 46
chimenea: 54
cielo nuboso: 11
cielo: 8, 10, 12, 15, 16, 18, 20, 21, 55, 58, 62
cintura: 46
ciruela: 31
claroscuro: 38
clavel: 24
cocoteros: 62
color (criterios objetivos del): 15, 68, 69
color (intensidad del): 15, 28, 32, 38 40, 54, 56
color beginning: 10, 11
color cálido: 24
color claro: 9
color complementario: 14, 28
color frío: 24
color irregular: 10, 12, 18
color oscuro: 15
color transparente: 9
color: 15
colores (degradación de los): 60
colores (matices de los): 9
colores (orden de los): 7, 8
colores (uso de los): 64
colores acuarelados: 8
colores vivos: 20, 26
combarse: 5
composición (reglas de la): 64, 65
contorno: 10, 14, 16, 18, 22, 28, 32, 42, 44, 46, 48, 50, 54, 56, 58
contraste (ley del): 32
contraste simultáneo: 28
controlar el escalonamiento: 24
copiar: 7
cortar el color: 13
cristal: 52
cuadrado romano: 64
cuello del vestido: 42
cuello: 38, 56

D

delimitación: 14, 32
derrame, flujo de la pintura: 6
desnudo: 48, 50

diagonales: 64
difuminar: 22, 31, 61
difusión de la pintura: 6
diluir el color: 5, 8, 9, 10, 12, 15, 16, 18, 20, 22, 24, 26, 28, 30, 31, 32, 36, 38, 40, 42, 46, 48, 50, 54, 55, 56, 60, 61, 62
drapeada (tela): 46, 48

E

efecto de mezclado: 7, 10, 11, 22, 42, 52
efectos de la materia: 7
efectos de luz: 30, 32, 42, 59
efectos de sombra: 62
efectos del agua: 10
efectos del gris: 24
efectos difusos: 6
efectos marcados: 5, 6, 26
efectos tornasolados: 6
efectos vigorosos: 6
eje de simetría vertical: 65
encajes: 44
encuadrar: 52
espalda: 48
esparcirse: 6, 8, 10, 16, 24, 26, 31, 52
esponja húmeda: 6, 30
espuma de las olas: 6
expresión general: 40

F

fachada: 9
farol: 16
flores: 22, 24, 26, 28, 30, 32, 34, 44
follaje: 12, 20
fondo: 11, 20, 28, 31, 32, 38, 40, 41, 46, 48, 50
fotocopiar: 36
frutos: 26, 30
fuente: 16, 30

G

girasoles: 26
goma de cubrir: 6, 16, 32, 44, 48, 52, 60
góndolas: 10, 11, 59
gramaje del papel: 5
granero: 54
granja: 54, 55

gris: 9, 15, 16, 24, 56, 59
grisear: 15, 48

H

habitación: 52
heno (muelas de): 18, 19
hierba: 12, 18, 20, 44
higuera chumba: 61
hojas: 24, 26, 28, 32, 34
hombro: 48
hoz: 18
húmedo (trabajar con lo): 22, 24, 50, 53, 55, 58, 62

J

jardín: 42
jarrón: 28, 32, 65
jarrón transparente: 26
jersey: 50

L

labios: 36, 41, 46
laca amarilla: 18, 30, 34, 36, 40, 42
lápices de acuarela: 24
lavado: 3-8
lejía: 6, 30, 31
letra (pintar una): 34
ley de Chevreul: 28
límites irregulares: 32
línea clara: 56
luz: 12, 13, 16, 30, 31, 38, 44, 46, 64
luz cálida: 13
luz directa: 13
luz fría: 13
luz indirecta: 13

M

manta: 52
manzana roja: 26, 30
marcar: 10, 14, 19, 42
marina: 7
mariposa: 22
marmolear: 7
mate: 8
mejillas: 36, 38, 40
memoria (trabajo de): 62
memoria retiniana: 14
mesa: 26, 28, 32

Si este libro le ha interesado y desea que lo mantengamos informado
de nuestras publicaciones, escríbanos indicándonos qué temas son de
su interés (Astrología, Autoayuda, Ciencias Ocultas, Artes Marciales,
Naturismo, Espiritualidad, Tradición...) y gustosamente le complaceremos.
Puede consultar nuestro catálogo en www.edicionesobelisco.com.

Colección: Aprendiendo con los grandes maestros
Iníciese en la acuarela con los grandes maestros
Henri Senarmont

1.ª edición: abril de 2008

Título original: *Initiez-vous à l'aquarelle avec les Grands Maîtres*

Traducción: *Carme Morales Rotger*
Adaptación de maqueta y cubierta: *Marta Rovira*

p. 10 : ©The Bridgeman Art Library
p. 14 : ©Photo RMN – J. G. Berizzi
p. 20 : ©Photo RMN – Michèle Bellot
p. 22 : ©Photo RMN – Arnaudet
p. 34 : ©Photo RMN – Michèle Bellot
p. 46 : ©Photo RMN – Michèle Bellot
p. 48 : ©Photo RMN – R. G. Ojeda
p. 60 : ©Photo RMN – Gérard Blot
p. 61 : ©Photo RMN – Hervé Lewandowski
(Reservados todos los derechos)

Concepción gráfica y realización: *Olivier Ognibene*

© 2008, Ediciones Obelisco, S.L
(Reservados los derechos para la presente edición)
© 2004, Oskarson Editions, París, France.

Edita: Ediciones Obelisco S.L.
Pere IV, 78 (Edif. Pedro IV) 3.ª planta 5.ª puerta.
08005 Barcelona-España
Tel. 93 309 85 25 - Fax 93 309 85 23

Paracas, 59   Buenos Aires
C1275AFA   República Argentina
Tel. (541 -14) 305 06 33
Fax (541 -14) 304 78 20
E-mail: obelisco@edicionesobelisco.com

ISBN: 978-84-9777- 412-3